Hanna Ahrens

Dafür lohnt es sich zu leben

BRUNNEN

VERLAG GIESSEN · BASEL

ABCteam-Bücher erscheinen in folgenden Verlagen:
Aussaat Verlag Neukirchen-Vluyn
R. Brockhaus Verlag Wuppertal und Zürich
Brunnen Verlag Gießen und Basel
Christliches Verlagshaus Stuttgart
Oncken Verlag Wuppertal und Kassel

Zitat Seite 39 aus: Norbert Blüm, Sommerfrische –
Regentage inclusive. Siedler Verlag, Berlin 1995.

Die Deutsche Bibliothek – CIP-Einheitsaufnahme

Dafür lohnt es sich zu leben / Hanna Ahrens
Giessen : Brunnen-Verl. 1997
(ABC-Team)
ISBN 3-7655-1610-4

© 1997 Brunnen Verlag Gießen
Umschlaggestaltung: Ralf Simon
Satz: Die Feder GmbH, Wetzlar
Herstellung: Clausen & Bosse, Leck
ISBN 3-7655-1610-4

Inhalt

3

Zu diesem Buch

Wer mit Menschen ein Gespräch führen will, muß vorher schon eine Menge von ihnen wissen: von ihrem Beruf, ihrem Umfeld, ihren Vorlieben und Zielen.

So habe ich mich – vor dem Besuch bei Norbert Blüm zum Beispiel – nicht nur über den gegenwärtigen Stand der Rentenreform informiert, mit Vergnügen seine Geschichten „Vom Weinen und Lachen" gelesen, sondern auch einmal wieder in Mörike-Gedichten geblättert. Zu anderer Zeit ging es um Zirkusprogramme und -probleme, ehe ich die Clownin Antoschka in ihrem Wohnwagen aufsuchte – direkt neben dem Zirkuszelt.

Ein Stück ihres Lebens habe ich mitgelebt: vorher, nachher und natürlich während der Gespräche. Auch davon gibt es in diesem Buch ein paar Notizen. In jedem Fall war es eine große Bereicherung – ganz gleich, ob es sich um Traumschiffe und ihre Kapitäne, die harte Wirklichkeit der Obdachlosen oder den mühsamen Alltag einer Mutter mit einem behinderten Sohn handelte. Immer kam mir daraus Ermutigung und Zuversicht für das eigene Leben entgegen.

Und so wie ich selbst in die fremde Lebenswelt einer Wildhüterin oder „Brigitte"-Autorin eingetaucht bin, so hoffe ich, daß alle, die dieses Buch lesen, sich mitnehmen lassen in Mühe und Glück dieser Menschen – wie auf eine Reise.

Ich wünsche mir, daß aus all dem spürbar wird: Es lohnt sich zu leben – ob im kleinen, privaten Bereich oder in der großen Öffentlichkeit. Und: Es kommt darauf an, meinen ganz eigenen Teil beizutragen, Begabungen weiterzugeben und Geschenke des Himmels wie Freude, Glauben und Zuversicht nicht zu verbergen, weil Gott durch uns zur Welt kommen will.

Hanna Ahrens

Engbert Wolters

Ein Traumjob auf einem Traumschiff?

Engbert Wolters wurde 1937 in Weener/Ostfriesland geboren. 1955 ging er als Schiffsjunge auf einen Stückgutfrachter. Anschließend besuchte er die Seefahrtsschule in Leer, wo er 1962 sein Steuermannspatent und 1966 sein Kapitänspatent erwarb.
Er fuhr auf der Hamburg-Amerika-Linie verschiedene Einsätze als Zweiter Offizier, dann als Erster Offizier und schließlich als Kapitän auf Containerschiffen. Seit 1988 ist er Staff-Kapitän, seit 1992 Kapitän auf der MS Europa, dem Flaggschiff der deutschen Kreuzfahrtflotte.

Wir sind mit der MS Europa auf einer USA/Karibik-Kreuzfahrt. Die kühlen Tage in New Orleans und der Sturm auf dem Mississippi liegen hinter uns. Mexiko ist heiß.
Ich begleite diese Kreuzfahrt als Schiffspastorin. Es ist meine 15. Reise, aber in karibischen Gewässern war ich bisher noch nicht. Zwischen den Inseln Cozumel und Grand Cayman hat Kapitän Wolters Zeit für ein Gespräch: Was gefällt ihm an seiner Arbeit, was ist das Schwierige daran? Wir sind für 16 Uhr in seiner Suite verabredet. Frau Wolters, die für ein paar Wochen mit an Bord ist, stellt drei Eisbecher auf den blank polierten Mahagonitisch. Wir reden über dies und das. Dann frage ich den Kapitän:

*H*err Wolters, wie sieht Ihr Tag aus? Ist es ein Traumjob, auf einem Traumschiff zu arbeiten?

Meine Arbeit ist sehr unterschiedlich, es kommt darauf an, ob wir – wie heute – einen Seetag haben oder einen Hafen anlaufen. Gestern zum Beispiel, als wir Kurs auf Playa del Carmen (Mexiko) nahmen, hab ich schon nachts auf der Brücke angerufen und gefragt: „Wie sieht's denn aus mit der Dünung?" Es waren drei, vier Fuß swell, also zuviel zum Ausbooten. Playa del Carmen ist immer schwierig. Der Ankerplatz ist nicht sehr sicher, man vertreibt leicht. Aber wegen Tulum und Chichen Itza, der Mayastätten, ist es touristisch natürlich attraktiv, also fahren wir dorthin. Gestern morgen stand ich dann gegen vier Uhr auf, sah mir die Dünung an und entschied: „Das machen wir nicht! Wir gehen nach Cozumel und ankern dort im Schutz der Insel. Rufen Sie die Leiterin der Touristik an, daß sie mit den Ausflugsagenten verhandelt wegen der Boote, die unsere Passagiere zum Festland bringen."
Wir haben dann um sechs Uhr morgens vor Cozumel geankert.

Ich blieb noch auf der Brücke, um zu überprüfen, ob wir auch sicher liegen, ob der Anker hält. Ich wartete, bis die ersten Boote 'runter waren und sie die Gangway ausgebracht hatten. Die Dünung war hier nicht zu hoch, man konnte einigermaßen sicher ausbooten. Um diese Dinge muß ich mich natürlich kümmern, weil ich letztlich für alles verantwortlich bin. In solch schwierigen Situationen gehe ich keinen Schritt an Land. Wir hatten den ganzen Tag über die Maschine klar, um schnell reagieren zu können, falls der Anker nicht hielt.

Vor einigen Jahren haben wir hier nämlich schon mal einen Anker verloren – so was geht schnell: Wir liegen ja an kleinen Plateaus, aber manchmal wird der Anker von der Böschung gerissen und fällt dann – weil die Kette reißt – ins Bodenlose. Oder die Strömung zieht den Anker wie einen Pflug durch den weichen Korallensand. Gestern zum Beispiel hatten wir nur zwanzig Meter Wassertiefe, aber wir haben hundert Meter Kette ausgesteckt, damit das Gewicht der Kette das Schiff mit hielt.

Diese Probleme gehen einem in der Nacht oft durch den Kopf, man kann das nicht verdrängen. Und morgen vor Grand Cayman wird es auch wieder schwierig. Dort gibt es nur drei Ankerplätze. Wenn die besetzt sind, müssen wir den ganzen Tag – während die Passagiere an Land sind – hin und herfahren. Der Ankergrund ist dort sowieso sehr schlecht.

Oder: Denken Sie an unsere Fahrt auf dem Mississippi vor ein paar Tagen – bei Windstärke acht! Wenn uns da einer entgegenkommt, der nicht gut steuern kann, muß schnell reagiert werden – Anspannung ist immer da.

Also kein Traumjob?

Viel Verantwortung, viel Arbeit – die natürlich auch Spaß macht. Oft wenig Schlaf. An Seetagen ist es ruhiger – heute zum Beispiel, da haben wir Zeit für ein Eis und ein Interview. Aber auch diese Tage beginnen früh. Morgens war ich auf der Brücke und habe mit dem Wachoffizier gesprochen, bevor er abgelöst wurde. Um 8.30 Uhr war die Konferenz mit meinen zehn engsten Mitarbeitern. Da wird das Programm für den jeweiligen und folgenden Tag durchgesprochen. Mit den Haupabteilungsleitern kläre ich anschließend noch interne Dinge. Nach einem zweiten Besuch auf der Brücke komme ich dann an den Schreibtisch. Der gesamte dienstliche Schriftverkehr läuft ja über meinen Tisch.

Zwischendurch gehe ich ein paarmal durch's Schiff, denn natürlich möchten die Fahrgäste, daß man sich um sie kümmert. Nachmittags habe ich ab und zu eine Gruppe von Damen zum Kaffee, und abends – vor dem Essen – kommen jeweils zwanzig Gäste zum Cocktail. Dann ist da die Tischrunde im Speisesaal mit sechs oder sieben Passagieren, und anschließend treffe ich beim Abendprogramm im Europasalon wieder andere Gäste. Der Tag endet selten vor Mitternacht.

Wie halten Sie das aus, ständig so viele Menschen um sich zu haben?

Vielleicht so, daß ich für die Hälfte der Zeit jedenfalls immer *einen* Menschen bei mir habe, meine Frau. Ich bin ja – wenn Sie so wollen – der einsamste Mensch auf diesem Schiff. Über vieles, was mich bewegt, kann ich mit niemandem sonst sprechen. Es geht ja gar nicht immer um Rat. Aber daß ein Mensch da ist, der zuhört. Wenn ich also meine Vierteljahres-Einsätze habe, ist meine Frau sechs Wochen mit an Bord. Und dann bin ich ein Vierteljahr an Land. Da gibt es Fortbildungskurse. Ich muß regelmäßig im Simulator meine Qualifikation nachweisen. Wenn wir – wie jetzt gerade – neue Anlagen bekommen, nehme ich an Schulungen teil, um sie bedienen zu können.

Und natürlich werde ich für die Werbung eingesetzt. Ein Kapitän hat eben einen besonderen Stellenwert, ob man das nun will oder nicht. Ich merke es ja auch hier an Bord und bin immer wieder erstaunt, wie die Gäste reagieren. Aber das ist nun mal so.

Zwischendurch war ich auch mal längere Zeit an Land, da habe ich im Büro gearbeitet und hatte mit Schiffsausrüstungen und -reparaturen zu tun. Das war in den Jahren, als unser Sohn geboren wurde. Wir hatten uns zehn Jahre vergeblich ein Kind gewünscht. Es war mir ganz wichtig, die ersten zweieinhalb Jahre zu Hause zu sein, damit mein Sohn mich als Vater erlebte. Es war eine sehr schöne Zeit, eine ganz entscheidende Phase. Ich finde: Einen Sohn zu haben, eine Familie – dafür lohnt es sich zu leben. Der Beruf ist schon wichtig, ich wollte ja auch Kapitän werden, aber an ein Kreuzfahrtschiff habe ich dabei nie gedacht.

Was tun Sie in Ihren Ferien?

Am liebsten gar nichts. Ich brauche es einfach, mich zu Hause mal so richtig hängen zu lassen. Denn hier an Bord geht es ja von morgens früh bis spät in die Nacht. Jeden Tag. Ich bin immer unter Druck, stehe sozusagen immer „unter Strom" und habe kaum eine freie Minute.
Zu Hause lese ich dann auch . . . besonders gern immer wieder Gedichte. Ich habe inzwischen eine stattliche Sammlung von Gedichtsbänden. Von meiner Frau hab' ich mir „Joseph und seine Brüder" von Thomas Mann schenken lassen, nachdem ich Gerd Westphal hier an Bord daraus habe lesen hören. Welch eine Sprache! Beeindruckend, wenn man den roten Faden zu diesem epischen Werk in der Bibel nachliest und dann erlebt, wie Thomas Mann aus den nüchternen Worten von Martin Luthers Übersetzung eine schillernde, plastische Welt erstehen läßt.
Eine wunderbare Erholung ist es auch, Musik zu hören: Mozart, Beethoven. Die Komponisten der Barockzeit: Vivaldi, Albinoni. Lange war das Konzert für Fagott und Orchester in B-dur eines meiner Lieblingsstücke, und jahrelang legte es mein Sohn auf, wenn ich nach einem Einsatz das Haus wieder betrat.

Was lieben Sie an Ihrem Beruf am meisten?

11

Daß es immer wieder neue Herausforderungen gibt. Und wenn alles gut gegangen ist, denke ich: Es waren richtige Entscheidungen. Oder wenn mir etwas besonders gut gelungen ist, zum Beispiel ein schwieriges Anlegemanöver, dann freue ich mich. Und neben den technischen Dingen ist der Umgang mit den Mitarbeitern natürlich eine immer neue Herausforderung. Manche denken gar nicht darüber nach, wie schnell sie mit einem „dummen Schnack" andere verletzen. Da muß ich dann schon mal eingreifen. Oder einer läuft mir über den Weg und macht ein muffeliges Gesicht. Ich sage: „Mensch, was is? Komm, laß uns darüber reden!" Dann heißt es erst: „Nee, is nix!" Aber wenn ich dann nachhake: „Komm, so geht's doch nicht!", dann läßt sich manches bereinigen. Ich weiß auch von mir selbst, daß ich Menschen manchmal durch einen flaxigen Spruch zu nahe trete. Und was ich sage, kriegt dann von meiner Position her plötzlich ein großes Gewicht. Da muß ich sehr vorsichtig sein.

Hat Ihre Art, wie Sie mit Menschen umgehen, etwas mit Ihrer Erziehung zu tun?

Ja, sicher. Ich bin mit fünf Geschwistern aufgewachsen. Da haben wir gelernt, Konflikte so auszutragen, daß keine Verletzungen zurückblieben. Es ist mir wichtig, sich nach einem Streit zu versöhnen. Ich hatte ja sehr fromme Eltern. Bei Tisch wurde gebetet und in der Bibel gelesen. Meine jüngste Schwester hat dieses Erbe stärker bewahrt. Bei mir ist es etwas untergegangen.

Kommt in bestimmten Situationen eine Erinnerung an Gott wieder durch?

Nein. Und das ist eigentlich verwunderlich bei meinem Elternhaus. Dabei habe ich immer das Gefühl, nicht allein zu sein, immer die Gewißheit, daß nichts ohne Gottes Willen geschieht. Daß wir uns vom Glauben entfernten, war eher eine kindliche

Reaktion, das Ergebnis einer Erfahrung, die wir alle nach dem plötzlichen Tod meines Vaters machten: Da war meine MS-kranke Mutter mit sechs Kindern zwischen 11 und 18 Jahren und hatte außer ihrem unerschütterlichen Glauben nichts als eine verschuldete Gärtnerei. All die „Brüder und Schwestern in Christo", die sonst regelmäßig bei uns verkehrten, blieben plötzlich weg. Kinder sind ja sehr viel kritischer und kompromißloser in ihrem Urteil als Erwachsene. Ich fürchte, keiner von uns Sechsen – meine jüngste Schwester vielleicht ausgenommen – würde den moralischen Ansprüchen gerecht, die wir damals an die Glaubensbrüder und -schwestern legten.

Auf jeden Fall haben wir in der Zeit die Verbindung zu denen, die das „Herr, Herr, haben wir nicht in deinem Namen . . ." ständig im Munde führten, abgebrochen. Was uns allen erhalten geblieben ist: die Erinnerung an eine – trotz aller materieller Mängel – schöne Kindheit.

Und wenn ich heute einmal allein auf der Brücke stehe – über mir der Sternenhimmel – , dann summe ich die Lieder, die wir früher mit so viel Freude gesungen haben: „Kommt, stimmt alle jubelnd ein . . .", „Ich hab' einen herrlichen König . . .", „Weiß ich den Weg auch nicht . . .", „Ja, ich will euch tragen bis zum Alter hin . . ." und viele mehr. Sicher eine Art von Zwiesprache, von Gebet.

Angelika Gardiner

Neugierig auf fast alles

Foto: Susanne Rogozinski

Angelika Gardiner wurde 1941 in München geboren. Nach dem Abitur hat sie bei einer Münchner Tageszeitung ihr Redaktionsvolontariat absolviert und dort dann fünf Jahre als Jung-Redakteurin gearbeitet. Darauf folgten elf Jahre beim Bayrischen Rundfunk im Familienfunk. Seit fast siebzehn Jahren ist sie nun in Hamburg als Autorin bei der „Brigitte" tätig. Für ihre Reportagen reist sie viel ins Ausland, vor allem in Dritte-Welt-Länder. Angelika Gardiner ist geschieden und hat keine Kinder.

Für elf Uhr vormittags sind wir verabredet. Ich fahre zu Frau Gardiner nach Bahrenfeld. Sie hat ihr kleines Haus renovieren lassen, die Dielen sind abgeschliffen, die geschwungene Holztreppe auch. Schön sieht die Maserung jetzt aus, warm und gemütlich. Jeder Raum hat seine eigene Farbe: Vorhänge, Kissen und Decken sind orange-rot oder blau-grau – eine Komposition für sich. Kleine Dinge aus aller Welt geben dem Ganzen eine eigene Atmosphäre. „Jetzt habe ich das Gefühl: Es ist mein Haus", sagt sie, „das einzige, was noch fehlt, sind ein heller Eßtisch und Stühle dazu."

Wir setzen uns in die kleine Veranda, an deren Südseite Wein wächst. Frau Gardiner stellt grünen usbekischen Tee in einer Glaskanne auf das Stövchen, es gibt warmen Käsekuchen. Ihr schwarzweißer Kater schnurrt unüberhörbar. Er liegt aufgerollt in einem Holzkorb – zufrieden, daß seine Herrin zu Hause ist. „Ab und zu braucht er ein Nest", sagt sie, „genau wie ich, wenn ich von meinen Reisen zurückkomme." Und dazu gehört auch ihr Garten – ein Stück Rasen und unzählige Töpfe mit besonders geliebten Pflanzen. Die Echinacea ist aus Saat (von Neuseeland) selbst gezogen.

Frau Gardiner, als Journalistin kommen Sie in fast alle Teile der Welt. Wenn Sie nun – zum Beispiel – nach Indien fliegen und in Bombay oder New Delhi aus dem Flugzeug steigen – was dann? Wie kommen Sie an die Menschen und die Probleme heran, über die Sie schreiben wollen?

Also, so herum funktioniert das überhaupt nicht! Ich kann nicht einfach irgendwo hinfliegen und dann auf die Suche gehen. Ich muß schon vorher – zu Hause – gut recherchiert haben und wissen, an wen ich mich wenden kann. Keine Redaktion läßt Reportern unbegrenzt Zeit, um vielleicht irgendeine Geschichte zu finden. Dafür sind die Reisen zu teuer. Die Kontaktpersonen stehen im voraus fest. Trotzdem kommt es fast immer anders als geplant. Jede Reportage hat ihre eigenen Tücken. Ich muß immer wieder mit unvorhergesehenen Situationen fertig werden, und manchmal weiß ich bis zuletzt nicht, ob das Ganze überhaupt eine Geschichte wird. Deshalb stehe ich unterwegs immer unter einer unglaublichen Anspannung. Ich möchte ja nach zwei Wochen nicht mit leeren Händen zurückkommen.

Ist das schon mal passiert?

Als ich kürzlich aus Kasachstan, vom Aral-See, zurückkam, habe ich meiner Redaktion gesagt: „Ich weiß wirklich nicht, was ich schreiben soll. Es war nur schrecklich! Beim Aral-See ist nichts mehr zu retten. Und die Menschen sind krank von all den Pestiziden. Sie verhungern. Sie haben einfach nichts zu essen. Und die wenigen, die Lohn oder Rente bekommen, erhalten ihr bißchen Geld erst Monate später, wenn überhaupt!" Da sagte meine Redaktion: „Dann lassen wir es!" Aber das konnte ich auch nicht. Ich mußte es mir von der Seele schreiben. Ich mußte sagen, wie schrecklich es ist. Die Redaktion war dann sehr erschüttert von dem Bericht und fand ihn auch wichtig.

Wie wird das Thema für eine Reportage gefunden? Wer findet es? Sie oder die Redaktion? Liegen Themen in der Luft und drängen sich auf? Gibt es auch Tabuthemen?

Wir sind in unserer Redaktion ständig miteinander im Gespräch. Manchmal hat die Redaktion eine Idee, manchmal ich. Dann versuche ich, die Redaktion davon zu überzeugen, was nicht immer gelingt.
Tabu-Themen gibt es eigentlich nicht, es ist mehr die Frage, ob wir eine Form finden, in der ein Thema dargestellt werden kann. Wir wollen die LeserInnen ja nicht einfach vor den Kopf stoßen, sondern so schreiben, daß die Themen auch angenommen wer-

den. Wenn man sich z. B. gleich ekelt, liest man nicht weiter. Ich beschäftige mich gerade u. a. mit einem Thema, bei dem ich gar nicht weiß, wie wir das bringen können, nämlich mit der Noma-Krankheit in Afrika. Sie ist eine Folge chronischer Unterernährung. Da werden die Bakterien, die man normalerweise auf der Mundschleimhaut hat, so aggressiv, daß sie Löcher ins Gesicht fressen. Diese armen Kinder können dann praktisch nicht mehr ernährt werden, weil die Nahrung gar nicht im Mund bleibt. Oder sie haben keine Oberlippe, keine Nase mehr – das ist ganz schrecklich. Sie brauchten plastische Chirurgie, vier, fünf Operationen, bis sie wieder einigermaßen normal aussehen. Ich möchte dieses Thema sehr gern bringen. Aber Bilder von den Menschen zu zeigen . . . Ich befürchte, daß man damit einen völlig falschen Effekt erzielt! Dabei wäre es so wichtig, Spender und Ärzte zu finden für solche Operationen. Es passiert ja immer wieder, daß auf solche Reportagen ganz ungewöhnliche Antworten und Anregungen kommen. Menschen engagieren sich auf eine Art und Weise, die gar nicht vorherzusehen ist.

Sind die Reaktionen und Leserbriefe eine Art Kontrolle für Sie, wie Ihre Berichte angekommen sind? Erfahren Sie überhaupt etwas davon?

Ich bekomme nur die Briefe, die sich an mich persönlich richten, die ganz spezielle Fragen haben. Nur solche werden an mich weitergeleitet. Die anderen beantwortet unser Leserdienst, wo zehn Frauen hauptamtlich Briefe beantworten. Und natürlich ist es so: Wenn meine Reportagen in der Brigitte erscheinen, ist es ja immer schon Monate her, daß ich sie geschrieben habe. Ich selbst bin dann schon wieder bei einem anderen Thema oder in einem anderen Land.

Kommt es auch mal vor, daß Sie mit einer klaren Themenvorgabe in ein Land reisen, aber dann feststellen: Der Schwerpunkt ver-

schiebt sich, oder bestimmte Aspekte lassen sich nicht in Erfahrung bringen?

Es kann schon passieren, daß Informationen, die wir hier hatten, falsch oder überholt sind. Dann kommt es darauf an, wie man mit seiner Erfahrung umgeht, was man dann noch draus macht. Ich war – zum Beispiel – einmal in Kolumbien, um einen Artikel über ein Jugenddorf zu schreiben. Es klang alles unglaublich toll. Aber vor Ort stellte ich dann fest: Das ist eine ganz normale Schule, gar nichts Besonderes – für lateinamerikanische Verhältnisse schon, aber für uns hier nicht. Zufällig erfuhr ich dann dort von einem anderen Projekt, das viel interessanter war: Ein Nonnen-Orden kümmerte sich um die Prostituierten von Bogotá –. Außerdem hatte ich Gelegenheit, nachts einen „streetworker" (Sozialarbeiter) zu begleiten, der Straßenkinder aufsammelt. Mit diesem Hintergrund konnte ich dann auch von dem Jugenddorf berichten.

In einem Ihrer Beiträge ging es vor kurzem um das Thema: „Ist Sex mit Kindern eine Art Mode geworden?" Das betrifft zwar vorwiegend Südostasien, aber ist auch in Deutschland wieder ein aktuelles Problem. Sie wollen mit solchen Berichten aufmerksam machen auf verdeckte Verbrechen, Verletzung von Menschenrechten, Gewalt und Unterdrückung. Sie wollen also durch Ihre Arbeit etwas verändern.

Ja. Früher wollte ich durch mein Schreiben die Welt verändern. Heute freue ich mich, wenn ich ein paar Denkanstöße geben kann und Menschen dazu bringe, aktiv zu werden. Das ist schon viel! Ich bin in meinen Ansprüchen etwas bescheidener geworden. Heute sehe ich meine Aufgabe u. a. darin, zwischen denen zu vermitteln, die Hilfe brauchen, und denen, die Hilfe geben können.

Ihnen ist wichtig, daß Ihre Reportagen gelesen werden – und zwar bis zum Ende. Dafür muß farbig und spannend erzählt werden. Was aber macht eine Geschichte zu einer wirklich guten Story?

Genau das ist unterwegs so ziemlich mein größtes Problem. Es hängt alles daran, daß die Menschen von sich, von ihrem Leben und den Problemen erzählen. Und das tut man in Afrika oder Asien eben nicht so ohne weiteres. Man spricht mit Fremden nicht über ganz private Dinge. Aber ich möchte doch wissen: Wie leben diese Menschen? Wie geht es ihnen? Wie fühlen sie? Wie denken sie? Welche Probleme haben sie? Wie kann ich ihnen dies entlocken? Ich möchte doch meinen LeserInnen ein sinnlich-nachvollziehbares Bild vermitteln. Mir kommt zugute, daß ich eine Frau bin und meist auch eine Fotografin bei mir habe, nur selten einen männlichen Kollegen. Mit einer Frau kommen Frauen leichter ins Gespräch.

Ich selbst bin dann für diese Frauen mindestens so exotisch wie sie für mich! Sie wollen von mir wissen, wie ich lebe. Das erzähle ich natürlich auch. Und was mich immer wieder rührt: Meistens endet es damit, daß die Frauen mich bemitleiden, weil ich doch geschieden und kinderlos bin. Weil ich ganz allein lebe. Das stellen sie sich schrecklich vor. Sie können gar nicht glauben, daß meine Eltern 800 km entfernt sind. Allein, fern der Heimat und kinderlos! Welch ein Schicksal für eine Frau!

Zu einer guten Story gehört also, Menschen ihre Geschichten zu entlocken. Aber wichtig ist natürlich auch, wie Sie diese Geschichten erzählen und wie das Erlebte „rüberkommt".

Ja, sicher. Aber noch etwas anderes kommt hinzu. Es ist für die Menschen, die ich besuche, schwer zu verstehen, daß ich nicht nur zuhören will, was sie erzählen, sondern daß ich auch irgend etwas erlebt haben muß mit ihnen zusammen. Geschichten aus zweiter Hand genügen nicht, um sagen zu können: „Es ist so. Ich habe es selbst gesehen!" Nur so kommt das Authentische heraus, das Wahrhaftige. Manchmal bin ich fast am Verzweifeln, wenn da gar nichts ist! Und das Vertrackte ist, daß viele meinen, es komme bloß auf die Fotos an. Natürlich sind Fotos wichtig. Aber wenn man nur für die Fotos etwas inszeniert, ist das noch keine Geschichte! Am besten wird es, wenn ich mit den Menschen etwas unternehme oder miterlebe. Aus solchen Geschichten können die LeserInnen dann für sich entnehmen, was ihnen wichtig oder interessant erscheint. Belehrungen helfen nicht. Wer will schon belehrt werden?

Schreiben Sie gleich unterwegs?

Nein, da mache ich nur Notizen – allerdings von früh bis spät. Für das eigentliche Schreiben brauche ich Abstand. Es stürmen ja so viele Eindrücke auf mich ein, die müssen sich erst setzen. Ich rate auch meinen jungen Kollegen: Schreibt nicht gleich drauflos! Wichtiges und Unwichtiges muß sich erst sortiert haben. Ihr seht dann besser, was ihr weglassen könnt. Es ist wie beim Fleisch: Man muß es abhängen lassen.

Und später am Computer überlegen Sie den Einstieg in eine Story wahrscheinlich sehr genau.

Vom Einstieg hängt fast alles ab. Wenn der Anfang gut ist, kann es schon nicht mehr ganz schiefgehen – trotz aller Klippen und Hürden. Aber mit einem holprigen Einstieg wird's eine Quälerei. Es kommt schon vor, daß ich zehn verschiedene Anfänge probiere. Man muß heutzutage die Menschen eben zum Lesen verführen. Es ist nicht mehr so wie früher, wo alles Gedruckte gelesen wurde. Man muß alles einsetzen, was das Handwerk zu bieten hat: die Fotos, die Überschriften, den Vorspann, die Bildunterschriften und eben den Einstieg. Von Satz zu Satz muß ich den Leser verführen weiterzulesen.

Man hat oft diskutiert, was besser ist: eine gründliche Analyse der Situation, die dann mit Beispielen aus dem wirklichen Leben garniert wird, oder aber der plastische Einzelfall, von dem aus man das Ganze erschließt. Ich neige zum Zweiten. Da kann man leichter nachvollziehen, worum es geht. Man sagt vielleicht: „Mensch, das hätte ich nicht gedacht!" Ich selbst wähle meine Lektüre doch auch danach aus, was mich unmittelbar anspricht! Wenn ich die Menschen nicht über das Gefühl erreiche, erreiche ich sie gar nicht. Fakten und Zahlen müssen zwar auch sein, aber an der richtigen Stelle. Sie sind nötig, weil ich den Einzelfall sonst gar nicht einordnen kann.

Die „Brigitte" bringt hauptsächlich: Mode, Kosmetik, Lebensstil, Luxus und Fest-Menüs. Sie berichten von Hunger und Armut in der Dritten Welt. Wie paßt das zusammen? Es sind doch absolute Gegensätze!

Aber das ganze Leben besteht ja aus solchen Gegensätzen! Mir ist es wichtig, für LeserInnen zu schreiben, die das Heft vielleicht wegen Mode und Kosmetik kaufen, aber dann beim Durchblättern auf solche ernsten Themen stoßen und – vielleicht – darüber nachdenken. Leute, die ohnehin informiert sind, brauchen meine Berichte nicht. Natürlich gibt es auch in allen Tageszeitungen die Gegensätze nah beieinander: Sportseiten und internationale Politik, Verbrechen, Reise und Erholung. Das Leben selbst ist voller Widersprüche.
Und ich schildere ja nie nur das Elend als pure Hoffnungslosigkeit. Das wäre sinnlos. Sondern ich berichte, wodurch Menschen überleben. Meine Erfahrung ist: Überall auf der Erde, auch in den ärmsten Gebieten, gibt es charismatische Figuren, die in der Lage sind, das Leben ihrer Gemeinschaft etwas anzuheben, zu verbessern. Und die Menschen sind auch sofort bereit, mitzumachen. Denn überall möchten z. B. Eltern, daß wenigstens ihre Kinder es einmal besser haben.

Gab es für Sie eine besonders schwierige Reise?

Die Korea-Reise war schwierig und zwar deshalb, weil ich zum ersten Mal in eine Gesellschaft geworfen worden war, wo ich ganz viel sah, was ich überhaupt nicht verstand. Ich wußte gar nicht: Was ist das jetzt, was da um mich herum passiert? Und warum passiert es? Die Koreaner wiederum konnten sich meine Fragen nicht erklären. Alles war so anders als westliche Lebensart und westliches Denken. Das fand ich sehr schwierig.

Meine letzte Reise an den Aral-See, in die Kasachische Hungersteppe – die war nicht schwierig, aber in einem Maße bedrückend, wie ich es selten erlebt habe. Nicht nur wegen der allgemeinen Armut im Land, sondern wegen der total verseuchten Umwelt. Dann dieser ausgetrocknete Aral-See. Und das alles ist von Menschen verursacht!

Neben solchen belastenden Reisen gibt es auch immer wieder andere, die Menschen Lust machen sollen, ein neues Land kennenzulernen und dort Urlaub zu machen. Wie erleben Sie selbst solche Reisen?

Also, ich selbst eigne mich nicht so für Strand, Hotel, Urlaub . . . Das ist mir zu langweilig. Vor allem begeistert mich dramatische Natur, dafür bin ich auch bereit, mich richtig anzustrengen. Und ich glaube, daß es heute vielen Leuten ähnlich geht. Es muß nicht immer ein Fünf-Sterne-Hotel sein.

Aber solche dienstlichen Erkundungsreisen sind keineswegs Urlaub! Ich bin ja ständig auf der Suche nach Geschichten und überlege, wie ich etwas „rüberbringen" kann. Das geht nicht von selbst.

Außerdem gibt es ja auch keine absoluten Traumgebiete mehr, von denen man in Paradieses-Tönen erzählen könnte. Es gibt keine unproblematische Umwelt mehr – und es wäre unredlich zu verschweigen, welche Nachteile der Tourismus mit sich bringt.

Wir haben jetzt viel über Berufliches gesprochen. Ihr Beruf füllt Sie sehr aus. Aber gibt es daneben noch etwas, von dem Sie sagen würden: Dafür lohnt es sich zu leben?

Ich denke, daß Leben an sich sinnvoll ist. Mir hat mal jemand gesagt: „Das Leben hat einen Sinn. Er erschließt sich aber nur dem, der sich voll darauf einläßt." Das ist meine Maxime geworden. Ich mag mich nicht abkapseln. Manchmal brauche ich natürlich eine Phase des Rückzugs, um mit bestimmten Dingen klarzukommen, aber ich bin nach wie vor neugierig auf fast alles. Was mir ganz wichtig ist: daß ich mich für die Gemeinschaft, in der ich lebe, an irgendeiner Stelle engagiere. Deshalb arbeite ich in verschiedenen Organisationen mit: Ich bin in einem Arbeitskreis, der sich mit dem Thema „Frauenhandel" befaßt, außerdem in einem Arbeitskreis „Journalisten und Dritte Welt", in einer Bürgerinitiative zur Überdeckelung der Autobahn A 7, damit der Lärm in diesem Stadtteil Hamburgs aufhört. Ich gehöre auch einer Gesellschaft zur Förderung der Gartenkultur an – und ich bin Mitglied in einem Turnverein.

Ihr Tag scheint 48 Stunden zu haben!

Ja, so ungefähr. Ich habe natürlich – abgesehen von Vereinen und Arbeitskreisen – auch viele private Kontakte zu Freunden. Aber je älter ich werde, desto schwieriger finde ich es, neue Freundschaften zu gründen. Um so wichtiger und wertvoller erweisen sich alte, gewachsene Beziehungen, wo man nicht immer die ganze Biographie von vorn erzählen muß. Was schwierig ist, wenn man allein lebt wie ich: Man fühlt sich bei Familien oder Paaren leicht als fünftes Rad am Wagen. Und der Kontakt zu anderen Alleinstehenden kommt mir manchmal wieder abhanden, wenn diese wieder einen Partner oder eine Partnerin gefunden haben.

Aber demnächst packen Sie ihren Rucksack, um für eine Woche mit alten Münchner Freunden in Südfrankreich Urlaub zu machen. Ein gutes Gegengewicht zum Berufsstreß!

Ja, das ist Erholung pur! Eine wunderbar faule Angelegenheit. Viele Jahre erprobt, ein eingeschworener Kreis. Wir wissen ganz genau, wer an welchem Tag was kocht. Mit wem man in die Berge gehen kann und mit wem auf den Markt. Wir werden wieder zu unserer kleinen Burg fahren, und ich werde – wie immer – auf der Terrasse schlafen, draußen unterm Sternenhimmel. Keiner von diesen zwölf Leuten belastet den anderen, wir lassen uns gegenseitig in Ruhe. Jeder nimmt ein dickes Buch mit, die werden dann ausgetauscht. Und das Gute ist: Es sind Leute aus ganz unterschiedlichen Berufen, da ergeben sich wunderbare Gespräche.

Sie leben nun seit 17 Jahren in Hamburg. Was hält eine Münchnerin in Hamburg? Der kühle Charme seiner Menschen, ihre Distanziertheit?

O nein! Überhaupt nicht. Einzig und allein mein Beruf. Ich war über's Wochenende gerade wieder in München. Da geht es einfach viel herzlicher zu und viel lustiger. Die Menschen haben mehr Sinn für Unsinn. Das finde ich wunderbar. In dem zugeknöpften und zurückhaltenden Hamburg hab ich manchmal schon gedacht: Ein Wunder, daß ich noch keine Frostbeulen auf der Seele hab!

Wer Ihre Reportagen in der Brigitte liest, denkt: Diese Frau beneide ich! Was für ein privilegiertes Leben! Exquisite Reisen, Luxus-Hotels zum Nulltarif . . .

Wie bitte? Ich hab schon in solchen Dreckslöchern übernachtet, wo ein normaler Mensch freiwillig gar nicht hinginge. Oder unter freiem Himmel in der Wüste. Oder irgendwo im Schlamm unter Bananenblättern. – Privilegiert bin ich, weil ich die Welt von einer Seite kennenlerne, die viele Menschen gar nicht zu sehen kriegen. Und dadurch beurteile ich auch das Leben hier anders. Ich kann das ganze Gejammer bei uns hier überhaupt nicht mehr nachvollziehen! Wenn ich von Reisen zurückkomme, werde ich immer dankbarer und auch irgendwie demütig.

Sie haben ein so erfülltes Leben. Gibt es da noch Wünsche?

Ich bin eigentlich sehr zufrieden. Aber natürlich gibt es Phasen, wo ich denke: Oh, ich bin aber schon sehr allein! Was mache ich, wenn ich einmal nicht mehr arbeite? Da muß ich mir etwas Schlaues einfallen lassen, um dann nicht in ein Loch zu fallen. Aber irgend etwas fällt mir sicher ein. Ich kann Ihnen sagen, was meine Lebensvorstellung von je her ist: Ich möchte mich fühlen wie eine Rosine in einem warmen Kuchen.

Aber davor gibt es noch ein paar Reisen. Wohin geht Ihre nächste?

In zehn Tagen fliege ich nach China, in das Hochland von Yünnan zu einem kleinen Stamm, den Mosuo. Diesmal reise ich mit einem Sinologen und einem Fotografen. In China war ich bisher noch nicht, darum freue ich mich ganz besonders auf diese Reise.

Also dann: Alles Gute und vor allem eine gute Geschichte! Ich bin gespannt auf Ihren Bericht.

Norbert Blüm

Das Gebet – eine Zone der Windstille

Foto: Ludger Reuber

Norbert Blüm, 21. Juli 1935 in Rüsselsheim/M. geboren, verheiratet, drei Kinder. 1949–1957 Werkzeugmacher bei Opel Rüsselsheim, Mitglied der Betriebsjugendvertretung, ab 1952 deren Vorsitzender. 1957–1961 Abendgymnasium Mainz, Abitur. 1961–1967 Studium der Philosophie, Germanistik, Geschichte, Theologie. 1965–1968 Redakteur der Zeitschrift „Soziale Ordnung". 1968–1975 Hauptgeschäftsführer der Sozialausschüsse der Christlich-Demokratischen Arbeitnehmerschaft, 1977–1983 deren Bundesvorsitzender. Seit 1969 Mitglied des Bundesvorstandes der CDU, seit 1981 Stellvertretender Bundesvorsitzender der CDU, ab 1972 Mitglied des Deutschen Bundestages. 1980–1981 Stellvertretender Vorsitzender der CDU/CSU-Bundestagsfraktion. 1981–1982 Mitglied des Abgeordnetenhauses von Berlin und Senator für Bundesangelegenheiten. Seit Oktober 1982 Bundesminister für Arbeit und Sozialordnung. Seit Mai 1987 Vorsitzender des CDU-Landesverbandes Nordrhein-Westfalen. Mitglied: Amnesty International, IG Metall, KAB.

Fast zwei Monate hat es gedauert, bis – trotz freundlicher Bemü-
hungen des Pressesprechers – ein Termin für das Interview mit Nor-
bert Blüm gefunden wird. Heute also, 14.00 Uhr.
Der IC kommt pünktlich in Bonn an. Da es regnet und ich mich nicht
auskenne, nehme ich ein Taxi: „Zum Arbeitsministerium, bitte!"
Ludger Reuber, der Pressesprecher, begrüßt mich und stellt mich –
nach telefonischer Anmeldung – dem Minister vor. Es ist ja merk-
würdig, Menschen, die man nur aus dem Fernsehen kennt, dann
wirklich zu begegnen. Ich hatte mir vorgestellt, bei der Begrüßung
zu sagen: „Guten Tag, Herr Minister, vielen Dank, daß Sie sich Zeit
für ein Gespräch nehmen!" Aber als Norbert Blüm mir freundlich
lächelnd von seinem Schreibtisch her entgegenkommt, sage ich:
„Guten Tag, Herr Blüm!" und finde das angemessener.
Er holt seine Pfeife vom Schreibtisch: „Darf ich rauchen?" Wir set-
zen uns. Auf dem niedrigen Glastisch vor uns stehen Tee und Kaf-
fee, aber ich komme gar nicht recht dazu, etwas zu trinken, weil ich
zu sehr mit anderen Dingen beschäftigt bin, zum Beispiel mein
sonst immer funktionierendes Aufnahmegerät auch heute zum
Laufen zu bringen, was schließlich gelingt.
Die erste Frage, die zweite dann. Norbert Blüm sitzt in großer Ruhe
da, heiter und gelassen, konzentriert bei Frage und Antwort. Wer-
den die dreißig Minuten – mühsam eingeplant – reichen? Aber
manchmal ist die Zeit gnädig: Sie dehnt sich, und alles paßt hinein.

*H*err Minister, eine halbe Stunde Zeit für ein Gespräch mitten in
einem vollen Arbeitstag – ein Luxus und eine große Freundlichkeit!
Wie halten Sie es überhaupt aus, einen so vollen Terminkalender zu
haben?

Ja, das frag ich mich manchmal auch! Man muß ja achtgeben,
daß man vor lauter Bäumen den Wald noch sieht. Die große

Gefahr in meinem Beruf ist, daß man von einer Katastrophen-
meldung zur nächsten gehetzt wird und dabei möglicherweise
seine Sensibilität verliert. Der Mensch ist nur begrenzt leidens-
fähig, und ich sehe die Gefahr, daß man sich aus einer wirklichen
Leidensfähigkeit befreit durch eine oberflächliche Betroffenheit,
die nichts bewirkt, sondern nur Selbstbespiegelung ist. Meine
Therapie dagegen: Man darf nicht *nur* Politik machen. Denn wer
nur in seinem Fachbereich zu Hause ist, verliert sehr schnell den
Überblick. Und Politik *ist* ja auch nicht alles.

*Aber wie schaffen Sie es, neben der Politik noch Zeit und Kraft für
andere Bereiche zu haben?*

Eine Form ist – auch wenn's frömmlerisch klingt – das Gebet. Ich
glaube, daß Gebet eine Möglichkeit ist, sich von einer Überfülle
von Tageseindrücken zu befreien, sich in sich selbst zurückzuzie-
hen und dennoch nicht bei sich selbst zu bleiben. Eine fast para-
doxe Situation: Man kann nur außer sich geraten, wenn man
weiß, wie's innen in einem aussieht, sonst ist das Außersichgera-
ten auch nur eine Form von Selbstdarstellung.

*Herr Blüm, ich habe Ihr Taschenbuch: „Dann will ich's mal probie-
ren" mit Vergnügen und auch einigen Tränen gelesen. Da sagen Sie
im Vorwort: „Ohne Sinn verhungert der Mensch, und unendlich
scheint sein Erfindungsreichtum zu sein, sich seine Lebensziele
selbst zu schaffen." War Politik immer Ihr Lebensziel, oder gab es
auch andere Interessen?*

Ich habe eigentlich gar nicht in die Politik gewollt. Ich habe nie
so etwas wie eine Lebensplanung gehabt. Daß ich in die Politik
geraten bin, war nicht das Ergebnis einer großen Entscheidung,
sondern geschah schrittweise. Es begann mit der Jugendvertre-
tung bei Opel, und in die bin ich eigentlich so gekommen, wie
man als Pfadfinder ein Geländespiel betreibt. Aber als ich dort

war, hab' ich gemerkt, daß man Verantwortung für andere doch nicht nur nach den Techniken eines Geländespiels wahrnehmen kann, sondern daß man sich politisch engagieren muß, wenn man 'was verändern will.

Um Veränderung geht es ja auch in dem gemeinsamen Wort der Kirchen („Für eine Zukunft in Solidarität und Gerechtigkeit"), wo es heißt, wichtig sei nicht nur eine neue Sozialstruktur, sondern Sozialkultur. Betont wird der Wert der Familie, sozialer Netzwerke, Nachbarschaftshilfe usw., um Vereinsamung und sozialer Kälte entgegenzutreten. Welche Erwartungen haben Sie in dieser Hinsicht an die Kirchen?

Es gab ja in der christlichen Sozialbewegung 'mal eine heiße Debatte – am Anfang dieses Jahrhunderts – , in welchen Schritten Reformen vorgenommen werden sollten: zuerst Gesinnungsreform und dann Zuständereform oder umgekehrt. Ich halte das für eine scholastische Frage. Eine Gesinnungsreform, die nicht auch Strukturen erreicht, verändert nichts. Eine Zuständereform, die nicht auch Gesinnungen verändert, bliebe ein kaltes Gebäude von Apparaturen. So perfekt ist kein Gesetzgeber, daß er mit Paragraphen die Welt in den Griff bekäme. Ich sage: Gott sei Dank ist es nicht so!
Je weniger Ethos, desto mehr Paragraphen braucht man. Das fängt – zum Beispiel – bei der Mißbrauchsbekämpfung an: Man kann polizeistaatlich dagegen kämpfen, dann muß hinter jedem ein Kontrolleur stehen. Oder man kann sich darauf verlassen, daß es doch Regeln des Anstands gibt, ethische Maximen, die man nicht alle in Gesetzesformen gießen kann und darf.

Und wie könnte – ganz konkret – der Beitrag der Kirchen aussehen?

Diese Symbiose herzustellen zwischen Gesinnung und Zuständen. Eine Kirche, die nur noch Sozialagentur ist, wäre eine unter vielen anderen Institutionen. Sie muß mehr bieten als Sozialberatung. Andrerseits: Eine Kirche, die sich nur um den Himmel kümmert und nicht um die Erde, wäre eine Fluchtbewegung. Also muß sie beides leisten.

Wenn ich – was ich jeden Morgen im Bad tue – die Morgenandacht im Kirchenfunk höre, bin ich häufig sehr enttäuscht. Da kommt der liebe Gott selten vor! Das ist alles ganz trostreich und hilfreich und gutgemeint, aber das könnte auch im Frauenfunk oder Sozialfunk kommen. Wenn mir morgens um halb sieben eine Bibelstelle erklärt würde, hätte ich mehr davon, als wenn jemand aus christlicher Sicht über den Zustand der Arbeitslosenversicherung redet – die kenn' ich auch ohne Kirchenfunk.

Kirche hat anderes und mehr zu sagen. Wenn sie es nicht tut, muß man sich nicht wundern, wenn Sekten und Esoteriker einen neuen Zulauf haben. Offenbar besetzen sie ein Feld, das von den Kirchen freigelassen wurde. Im 19. Jahrhundert war es umgekehrt: Da hat die Kirche dem Karl Marx die Welt überlassen und sich gewundert, daß sie zurückgedrängt wurde.

Jetzt könnte es ihr passieren, daß Antworten auf Sinnfragen von Pseudoreligionen gegeben werden. Wenn nun geradezu eine fundamentalistische Welle den Erdball umspült – im Islam und anderswo –, dann hat das etwas damit zu tun, daß unser westliches Zivilisationsprojekt offenbar nicht alle Fragen beantwortet. Merkwürdigerweise erhält dieser Fundamentalismus seinen Nachschub ja keineswegs aus den Elendsquartieren der Dritten Welt, sondern eher von einer naturwissenschaftlichen Intelligenz, die spürt, daß man mit der Einsteinschen Relativitätstheorie zwar viel erklären kann, aber eben nicht die Sinnfrage.

Herr Blüm, Sie strahlen Ruhe und Heiterkeit aus – wenn man Sie auf dem Bildschirm sieht und auch jetzt. Sie haben Humor. Wie ist das möglich bei einem so immensen Arbeitsprogramm?

Ich gestehe, daß Humor auch eine Art von Selbstschutz ist, der einen dazu erzieht, sich selbst nicht zu ernst zu nehmen. Menschen, die denken, sie seien wichtiger als der liebe Gott, kommen dann in große Erwartungszwänge. Was ich mache, sind alles vorletzte Dinge. Ich bin auch nicht sicher, ob ich immer recht habe. Also muß ich auch nicht so verzweifelt darum kämpfen, recht zu behalten. Ich muß mir zwar Mühe geben – aber es sind alles vorletzte Dinge, die wir tun.

Sie sind in bestimmten Phasen Ihres öffentlichen Wirkens auch angegriffen und verunglimpft worden. Und das geschieht bei Politikern immer wieder. Wie halten Sie das aus? Gewöhnt man sich daran?

Gewöhnen werde ich mich daran nicht. Aber wer sich nur auf Außensteuerung einläßt, verliert die Orientierung. Es ist doch so: An einem Tag bist du der Größte, am nächsten der Kleinste. Dafür gibt es ja ein noch krasseres Beispiel in der Bibel. Es ist nicht weit vom Jubel und „Hosianna" bis zum „Kreuzige ihn!" Man wird hin- und hergeschüttelt. Natürlich ist es wichtig, sehr gründlich zu überlegen – auch zusammen mit anderen –, was richtig und notwendig ist. Aber wenn man sich dann sicher ist, welcher Weg es sein soll, muß man auch marschieren. Die Frage heißt ja nicht: „Wie kommst du an?", sondern: „Ist das richtig, was du machst?" Nicht: „Wie hoch ist der Anteil an Zustimmung?" – natürlich muß man in einer Demokratie um Mehrheiten kämpfen –, sondern: „Kann ich verantworten, was ich tue?" Wer als erstes fragt: „Was kommt an?", der kann doch gleich bei Meinungsforschungsinstituten nachfragen und dann tun, was gerade Mehrheitsmeinung ist. Da würde sich die Politik selber abschaffen.

Herr Blüm, Sie sind Christ und gehen zur Kirche. Wie sind Sie dazu gekommen?

Die Kirchenmitgliedschaft gehört für mich zu dem, was mir vor-gegeben ist. Ich habe mir meine Kirche nicht ausgesucht, aber ich bin da zu Hause. Man ist nicht nur dort zu Hause, wofür man sich entschieden hat. So wie ich selbst nicht das Ergebnis meiner Wahl bin: Ich habe mir weder meine Eltern ausgesucht, noch habe ich den Zeitpunkt meiner Geburt bestimmt. Auch den Tod entscheidet ein Mensch nur, wenn er Selbstmörder ist, sonst in der Regel nicht. Also sind die großen existentiellen Entscheidun-gen eigentlich nicht selbstgefällt. Wir bewegen uns in einem Feld von Vorgegebenheiten.

Das Christsein ist für Sie also die Basis, ein vorgegebener Lebens-sinn?

Ja, ich glaube, daß man ohne Transzendenz nicht leben kann. Man muß über die eigene Existenz hinausdenken. Das kann ein Mensch auch in Selbsthilfe versuchen. Aber ich halte das für eine völlige Überforderung. Die FDP hat in ihrem Entwurf für ein neues Grundsatzprogramm den Satz stehen: „Seinen Sinn stiftet der ein-zelne Mensch selbst."* Das ist eine der ungeheuerlichsten Behauptungen, die ich je gelesen habe. Was haben die Menschen nicht schon alles für Sinn erklärt: die größten Verrücktheiten, selbst Verbrechen. Also, ich kann nur sagen: „Seid mal vorsichtig, Definitionen von Sinn in Heimarbeit herstellen zu wollen!"
Es gibt einen vorgegebenen Lebenssinn. Natürlich kann man sich gegen ihn entscheiden, diese Freiheit bleibt uns. Aber die Selbst-schöpfung des Menschen ist eine große Hybris. Für mich gehört Kirche zu dem Vorgegebenen. Sie ist der Leib Christi, in den ich eingebunden bin, so wie das Evangelium nicht nur der einzelnen Seele gilt, sondern eine Botschaft für die Welt ist. Der einzelne Mensch geht nicht unter, aber ist doch eingebunden in größere Zusammenhänge.

---

* Dieser Satz wurde inzwischen herausgenommen. (Anm. d. Hrsg.)

In Ihrem Taschenbuch kommen Sie auf das Sterben Ihres Vaters zu sprechen, der ganz kurz vor seinem Tod sagen konnte: „Es war alles sehr schön." Wie muß ein Mensch gelebt haben, um so sterben zu können?

Ja, das weiß ich auch nicht. Darüber denke ich auch nach. Denn der Satz – unter großen Schmerzen gesprochen – war kein theatralischer Satz. Die Todesstunde erlaubt diese Art von Verstellung nicht. Es war ein Satz in der entscheidendsten Phase des Lebens meines Vaters, und er hat große Authentizität und Wahrhaftigkeit. Wer so etwas sagen kann, ist eigentlich beneidenswert. Ich bin nicht sicher, ob ich einmal solch einen Satz sagen kann.

Zu meinem geheimen Wissen – nein, besser: zu meinen Vermutungen – gehört merkwürdigerweise, daß Sterben immer etwas mit dem Leben zu tun hat. Die Menschen sterben so, wie sie gelebt haben. Von der Todesstunde kann man geradezu rückschließen auf das Leben. Meine Mutter ist wieder ganz anders gestorben, und auch das hat zu ihrem Leben gepaßt. Selbst tödliche Unfälle passen manchmal zu einem Leben, das anders war als das Leben eines Menschen, dessen Sterben sich über eine lange Zeit hinzieht.

Das Sterben ist ja die große Übung des Loslassens, und eine besitzfixierte Welt hat es mit dem Loslassen sehr schwer: Eltern können die Kinder nicht loslassen, Eigentümer nicht ihren Besitz, der Seniorchef nicht den Betrieb. Also: Wann muß man loslassen? Die Frage schließt ja nicht aus, daß man auch festhalten muß. Aber Loslassen ist – glaube ich – eine Übung, der man sich sein Leben lang unterziehen muß. Wann muß ich ein Amt aufgeben? Wann muß ich es verteidigen?

Ich hatte einen Kollegen, der lange Zeit krebskrank war. Kurz vor seinem Tod habe ich ihn gefragt: „Ist denn Sterben schwer für dich?" Er sagte: „Sterben eigentlich nicht, aber bis du mal soweit bist!" Ich wußte genau, was er meinte, nämlich: Ich hatte in meinem Leben so viele Ziele. Aber bis man bereit ist zu sagen: die gelten jetzt alle nicht mehr . . . Wenn man das hinter sich hat, ist es nicht mehr schwer. Das Loslassen ist das Schwere.

Von den Grenzen des Lebens zurück zur Mitte! Sie sind ein großer Mörike-Liebhaber, und besonders gern haben Sie das Gedicht – eigentlich ist es ein Gebet: „Herr, schicke, was du willst . . .“ Sie verstehen diese Worte als „Sehnsucht nach einer Ruhe, in der Lachen und Weinen aufgehoben sind“. Gibt es diese Ruhe erst nach dem Tod oder auch dann und wann schon mitten im Leben? Gibt es für Sie solche Oasen der Ruhe?

Die muß es geben, denn sonst verliert sich der Mensch:

„Herr, schicke, was du willst,
Ein Liebes oder Leides;
Ich bin vergnügt, daß beides
Aus deinen Händen quillt.

Wollest mit Freuden
Und wollest mit Leiden
Mich nicht überschütten!
Doch in der Mitten
Liegt holdes Bescheiden.“

In diesem Gedicht bittet Mörike, eine zerrissene Seele, die mit sich und der Welt nicht in Übereinstimmung lebte und zu großen Explosionen fähig war, um ein Glück (nicht zuviel!) und ein Leid (nicht zuviel!). „Holdes Bescheiden“, diese Verbindung von „hold“ und „Bescheidenheit“ ist eine überraschende Kombination. Es ist nämlich nicht Bescheidenheit aus Resignation. Mörike muß sich schützen vor einem allzu heftigen Wechsel zwischen Hoch und Tief, zwischen Freuden und Leiden. Und weil er das nicht aus eigener Kraft schafft, bittet er um „holdes Bescheiden“. Er bittet um die windstille Zone, die es mitten im Orkan gibt.

Sind Ihre Ferien in der Natur – mit Ihrer Familie – so etwas wie eine windstille Zone für Sie? Eine Oase?

Vor allen Dingen ist es das andere Leben, das mich davor bewahrt, von der Politik aufgefressen zu werden. Ich brauche diesen Pendelschlag aus der Hochzivilisation – mit ihren tausend Vorschriften – in einen Raum und eine Zeit ohne Terminzwänge und Vorschriften. Ich kann nicht vorschreiben, daß die Sonne scheint oder Regen kommt. Aber sich auf beides einzulassen, es zu nehmen, wie es kommt, das ist das eigentlich Schöne.

Von diesem Glück, in der Natur zu leben, schreiben Sie ja in Ihrem Buch: „Sommerfrische – Regentage inclusive". Sie sagen: „Das Glück ist ein episodisches Erlebnis, und du hast viel gewonnen, wenn du es in deine Erfahrungen aufgenommen hast, bevor es zerronnen ist." Was meinen Sie damit? Wie hält man Glück fest?

Ich glaube nicht, daß man es festhalten kann. Man kann es ja auch nicht produzieren. Glück ist immer nur eine Episode. Die größten Glückserlebnisse, die ein Mensch hat, sind alle nicht von langer Dauer. Selbst die Liebe kennt höchste Erfüllung nur in wenigen Augenblicken. Es ist doch nicht so, daß eine Liebesbeziehung vierzig Jahre auf gleicher Höhe bleibt. Das halte ich für ein romantisches Mißverständnis. So etwas gibt es nur in Schnulzenromanen, aber im Leben nicht.
Darum muß man die wenigen Glücksstellen wie einen Wasserquell sauber halten. Man darf sie sich nicht verstellen lassen, muß aber auch bereit sein, sie anzunehmen. Sie sind nämlich in ihrer Mehrzahl ein Geschenk.

Und wie wird Glück nun in die Erfahrung aufgenommen?

Erfahrung ist etwas anderes als eine Ansammlung von vergangenem Wissen, sie ist die Quintessenz aus vielen Ereignissen. Wenn ich eine Geschichte erzähle, ist das noch keine Erfahrung. Es ist bestenfalls Material für eine Erfahrung. Der Hauptnenner hinter diesem Material – das, was die verschiedenen Ereignisse zusammenhält –, das ist Erfahrung, die sich herausdestilliert.

Jedes Lebensalter hat ja seine eigenen Schönheiten. Die Schönheit des Alters ist, daß es einen reichen Schatz von Erfahrungen hat. Den hat die Jugend nicht. Dafür hat sie Überraschungen, Neuigkeiten – das macht die Jugend schön.

Die Erfahrungen könnten dem Alter eine größere Gelassenheit geben. Aber es gibt ja alte Menschen, die auf diese Gelassenheit verzichten und unter einem fast fanatischen Zwang stehen, nicht alt werden zu wollen, die sich damit um die Früchte ihres Lebens bringen. Eine aus Erfahrung gesättigte Gelassenheit hat nur ein alter Mensch, die hat kein Zwanzigjähriger. Dafür gibt es bei alten Menschen weniger die Neuigkeit von Überraschungen.

Trotzdem wünschen sich auch ältere Menschen – ich tue es jedenfalls – immer wieder Überraschungen und Abenteuer. Sie sagen in Ihrem Buch („Sommerfrische . . .“): Abenteuer kommen überraschend, „aber sie kommen nicht ohne deine Einladung. Tausend Abenteuer entgehen Menschen, die für sie nicht disponiert sind.“ Wie muß ein Mensch sein, um Abenteuer zu erleben?

Ich glaube, er muß bereit sein, Überraschungen anzunehmen. Es gibt ja Menschen, die alles verdrängen, was sie nicht gewohnt sind. Die Gewohnheit nimmt uns die Fähigkeit zum Abenteuer. Es gibt Leute, die kommen aus ihren Gewohnheiten nicht heraus. Sie sind so routiniert, daß sie kleine Veränderungen nicht wahrnehmen können. Es könnte ja – zum Beispiel – in den sich ständig wiederholenden Jahreszeiten etwas Überraschendes geben. Ich könnte etwas entdecken, was ich bisher nicht gesehen habe. Und es sind ja oft kleine Überraschungen, die einen durchschütteln und genießenswert sind. Es müssen nicht immer die Entdeckungen eines Kolumbus sein.

Herr Blüm, wir sprachen von Glück, Erfahrung und Abenteuer. Wie verhalten sich – aus Ihrer Sicht – Glück und Lebenssinn zueinander? Jeder Mensch wünscht sich Glück und sucht nach Lebenssinn.

Geglücktes Leben ist ein sinnvolles Leben. Im Grunde suchen wir ja alle nach einem geglückten Leben, aber das läßt sich nicht finden, ohne auf der Sinnsuche zu bleiben. Jeder entdeckt nur das Glück, das in seinem Leben auch Sinn gibt. Wenn einer in Liebe keinen Sinn sieht, kann er in Liebe auch kein Glück erfahren. Deshalb ist die Glückserfahrung der Menschen sehr unterschiedlich. Ich persönlich glaube, daß es Glück nicht für mich allein gibt. Dieses neue Programm – Jeder sorgt für sich selbst – ist ein Programm von Traurigkeit. Das glaube ich mit Sicherheit.
Die schönsten Gedichte sind Liebesgedichte – und die haben wiederum mit dem andern zu tun. Die Flucht in Drogen und Sekten ist ja oft nur der verzweifelte Versuch, ein Glück ohne andere zu finden. Glück als Selbstversorgung!

Zum Schluß: Könnten Sie in einem Satz sagen, wofür sich all Ihre Mühe und Arbeit lohnen?

Das ist schwer in einem Satz zu sagen. Vielleicht, ganz trivial: Es lohnt sich, die Welt ein bißchen besser zu machen. Ich glaube nämlich, daß sie verbesserungsbedürftig und auch -fähig ist. Dabei habe ich nicht die imperialistische Vorstellung, daß man die perfekte Welt herstellen könnte. Aber man muß sich mit ihrem Zustand nicht abfinden.

Herzlichen Dank für das Gespräch!

Ich bedanke mich bei Ihnen.

Zu meinen Kindheitsträumen
zählt, einmal Blaubeeren zu essen
ohne Angst, daß der Teller bald leer
und in der Schüssel kein Nachschlag
mehr ist. Wir haben in Finnland einen
Eimer Blaubeeren gesucht und gegessen. Soviel, daß ich von Blaubeeren satt war.
So stelle ich mir den Himmel vor.
Nach Finnland weiß ich, es gibt ein
Glück ohne Angst vor dem Ende.
Der Eimer Blaubeeren hat es mich
gelehrt.

Norbert Blüm

Irene Baeumer

Mein Rezept für traurige Momente

Geboren 1931, wuchs Irene Baeumer als Tochter eines Landarztes im Solling/Niedersachsen auf. Ein Schuljahr in Schweden.
Sie beherrscht die Sprachen Schwedisch, Norwegisch und Englisch.
Nach dem Abitur studierte sie in Berlin Graphik.
1955 Heirat. Ihr Mann brachte zwei Kinder mit in die Ehe. Die damals siebenjährige Stieftochter war mongoloid, sie starb mit 43 Jahren auf dem Stand einer Einjährigen. Diese 36 Jahre der Pflege haben Irene Baeumer sehr geprägt. Das Ehepaar hatte außerdem drei gemeinsame Kinder. 1981 Tod ihres Mannes. 1984 Beginn der Arbeit als Hosteß auf dem Kreuzfahrtschiff MS Europa. Seit 1996 lebt Irene Baeumer aus Gesundheitsgründen den Winter über in Neuseeland, die übrige Zeit des Jahres in Dassel.

Frau Baeumer, die „First Lady" des Schiffes, ist sehr beansprucht,
aber am frühen Nachmittag hat sie Zeit für ein Gespräch. Wir tref-
fen uns in ihrer Anderthalb-Zimmer-Kabine. Die Stewardeß bringt
ein Tablett mit Keksen und Kaffee.
Frau Baeumer lehnt sich zurück: „Also, meine Liebe, fragen Sie! Was
wollen Sie wissen?" Sie nimmt viel heiße Milch zum Kaffee und
genießt es, so etwas wie eine Pause zu haben. Mich interessiert, wie
sie es durchhält, bei allem Streß immer freundlich und herzlich zu
sein, den Gästen ganz zugewandt. Was ist ihr Geheimnis? Woher
kommt soviel Kraft?

*F*rau Baeumer, wie sind Sie Hosteß auf einem Kreuzfahrtschiff
geworden?

Ach wissen Sie, das entschied sich eigentlich in einer Mittagspause, als ich durch die Messehallen der Touristik-Börse in Berlin
ging. Bei Hapag-Lloyd-Kreuzfahrten stand ein Herr im dunkelblauen Anzug. Ich sagte zu ihm – weiß der Himmel warum –
„Wenn Sie mal jemanden als Busbegleiterin brauchen . . . ich
spreche vier Sprachen und kenne die Welt. Ich würde gern mal
einen Touristenbus begleiten." Er bat mich um meine Adresse.
Bald darauf kam eine Einladung, mich in Bremen bei Hapag
Lloyd vorzustellen. Der Herr im dunkelblauen Anzug war der
Geschäftsführer. Ich bekam ein Vertretungs-Angebot als Hosteß
auf der MS Europa, und ich spürte sofort, daß diese Arbeit zu
mir paßte.
Für Menschen da zu sein – das hatte ich in meiner großen Familie ja gelernt und tat es gern. Mein Vater war Landarzt, meine
Mutter eine wunderbare Frau. Ich erinnere mich, daß man mir
beibrachte, jeden, der mir begegnete, zuerst zu grüßen. Irgendwann hatte ich das wohl nicht getan. Es gab eine Beschwerde. Da

nahm meine Mutter mich auf den Schoß – ich war noch keine fünf Jahre alt – und sagte: „Irinta, du weißt ja, was eine Narbe ist. Eine Narbe hat man äußerlich. Aber man kann sie auch innen haben. Und vielleicht, wenn du mal unfreundlich bist, trifft es gerade einen Menschen, der Schmerzen an der inneren Narbe hat. Ein Lächeln täte ihm dann gut. Sei doch einfach freundlich, auch wenn du in diesem Augenblick den Menschen vielleicht gerade nicht lieb hast. Denk dran, daß jeder eigentlich geliebt werden möchte."

Dieses Erlebnis hat mich sehr stark geprägt. Vielleicht fällt es mir darum leicht, den Menschen fröhlich und warmherzig zu begegnen, auch wenn ich selbst meinen Kummer habe.

Immer für andere da sein – kommen Sie selbst dabei nicht zu kurz?

Nein, keine Gefahr! Ich bin glücklich, wenn ich für andere etwas tun kann. Natürlich ist es nicht immer leicht, auch auf einem Luxusliner nicht. Wenn – zum Beispiel – ein Passagier schwer krank wird und stirbt, dann versuche ich, dem Angehörigen durch Gespräche und Begleitung zu helfen. Natürlich gibt es unter den älteren Gästen hier auf dem Schiff immer einige, die schwer krank sind. Aber da ich selbst durch eine Krebserkrankung gegangen bin, kann ich die Gefühle und Ängste gut nachvollziehen . . . wobei die Frage „Warum gerade ich?" nie mein Thema war.

Als ich damals im Krankenhaus lag und der Arzt mir sagte: „Das war eine Metastase", da wollte ich eigentlich weinen. Aber es ging gar nicht richtig. Und in dem Augenblick kam der liebe Gott zu mir ins Krankenzimmer und sagte: „Du, ich hatte diese Krankheit. Welchem deiner Kinder hätte ich sie denn geben sollen?" Ich war keine fünf Minuten mehr traurig. Natürlich ist das eine Eselsbrücke, aber es ist ja meine. Das ist jetzt sieben Jahre her. Ich habe mit den Folgeschäden zu kämpfen, mit meiner Heiserkeit, aber damit muß ich fertig werden. Es ist so wichtig, sein Geschick anzunehmen: eine Krankheit, einen Verlust, eine Einschränkung . . . und trotzdem dankbar zu bleiben.

In diesem Zusammenhang will ich Ihnen etwas ganz Banales erzählen: Wir haben hier auf dem Schiff an Silvester einen sehr hübschen Brauch, den ich schon übernommen habe. Einer von unseren Weihnachtsbäumen wird vor die Bibliothek auf einen Tisch gestellt, daneben liegen Karten, Umschläge und Bändchen. Jeder Gast und jedes Crewmitglied kann einen Wunsch für das Neue Jahr aufschreiben und an den Baum hängen. Da hängen dann fast tausend Wünsche! Und dieser Baum wird am Neujahrsmorgen ins Meer geworfen. Ich schreibe seit Jahren auf meine Karte: „Gib mir die Kraft, jeden Tag dankbar zu sein!"

Das ist ja ein Gebet. Ist das Beten für sie eine Möglichkeit?

Es ist *die* Möglichkeit überhaupt. Aber ich „organisiere" mich erst einmal selbst. Es gibt ja Menschen, die ihre Verzweiflung ins Gebet hineintun. Gott nimmt mich zwar, wie ich bin, aber ich helfe ihm dabei, mir zu helfen. Ich organisiere mich vorher etwas, damit die Arbeit für ihn nicht so schwer ist. Das Gebet ist für mich ganz wichtig. Eben die Bitte: „Gib mir die Kraft, jeden Tag dankbar zu sein". Dankbar sein – das geht nur durch Gebet.

Wie sieht – ganz konkret – die Arbeit einer Hosteß aus?

Sie hat natürlich organisatorische Aufgaben, zum Beispiel die Bibliotheksverwaltung. Sie überreicht bei Geburtstagen und Hochzeitsjubiläen Geschenke. Es gibt das Shuffleboard-Turnier, Tischtennis, Skat, Schach, Bridge. Und dann sind da die gesellschaftlichen Pflichten: der Willkommensabend zum Beispiel, wenn die Gäste dem Kapitän vorgestellt werden, bevor es im Europasalon den Begrüßungscocktail gibt. Das geht etwa so vor sich: Ich wende mich zum Kapitän und sage: „Herr und Frau Meier!" Dann drehe ich mich um zum nächsten Ehepaar. Die meisten Gäste kenne ich ja, aber manchmal fällt mir ihr Name nicht ein. Dann sage ich: „Bitte, nennen Sie mir noch einmal Ihren Namen!" Bis auf einen Gast haben dann alle gesagt: „Frau Baeumer, ich bin Herr Schulze, Frau Müller, Herr Schmidt . . . Aber einmal – in zehn Jahren! – ist es vorgekommen, daß ein Passagier sagte: „Nein! Wir sind vor drei Jahren hier gewesen. Sie sollten unseren Namen wissen!" Ich habe hilfesuchend seine Frau angeguckt: „Sagen Sie's doch!" „Nein!" Was blieb mir übrig? Ich wandte mich zum Kapitän: „Ich bedaure sehr, Ihnen diese Gäste nicht vorstellen zu können. Sie möchten mir ihren Namen nicht sagen!"

Nach solchen Abenden fühle ich mich wie durchs Wasser gezogen. Doch im Laufe der Jahre kenne ich sicher 70 Prozent der fünfhundert oder sechshundert Gäste, die jeweils auf dem Schiff sind.

Und irgendwann kommt das Ende der Reise, der Abschied und zugleich die Begrüßung der neuen Gäste.

Dieser Tag ist der schlimmste. Ich habe während der Reise soviel innere Beziehungen zu Menschen aufgebaut – und dann heißt es kurz und bündig: „Auf Wiedersehen! Guten Heimflug!" Und das muß ja positiv klingen. Es tut richtig weh. Ich bin dann hinterher ganz leer. Aber eine halbe Stunde später stehe ich eben schon wieder an der Gangway und sage zu den neuen Gästen: „Herzlich willkommen an Bord." Ich habe in meinem „inneren Computer" sicher 20 000 Namen, aber ich muß sie richtig zuordnen – und das ganz schnell . . . in einem Augenblick! Andrerseits ist es wunderbar, wenn es heißt: „Frau Baeumer, Sie sind wieder da! Es ist ja, als ob wir nach Hause kommen. Letztes Mal, als Sie Urlaub hatten, haben wir Sie so vermißt!"

Achtzig Prozent der Gäste kommen ja immer wieder auf die „Europa".

Wenn man sich so engagiert – was kriegt man zurück?

Ganz viel. Sie glauben gar nicht, wie stark das Echo ist. Ich bin so glücklich darüber, daß Worte es kaum sagen können.

Was ich besonders gern tue: an einem der Abende Lyrik und Balladen lesen. Das geschieht ja kaum noch, und es ist für die Gäste wie das Eintauchen in ihre Jugend.

Oder ich denke an besondere Höhepunkte: Überwältigend schön war der Vorabend zum 3. Oktober 1990, als Helen Donath – die große Opernsängerin – ein Konzert gab. Wir feierten die gefallene Mauer, das Einssein von Ost und West.

Und Helen sprach aus, was wir alle empfanden: „Es ist phantastisch! Ich bin so glücklich!" Sie sang das Vaterunser. Ich erinnere mich, daß die Gäste aufstanden und uns die Tränen über das Gesicht liefen.

Immer wieder gibt es besondere Ereignisse und schöne Begegnungen.

Gibt es auch Tiefpunkte?

Natürlich. Vor einem Tief ist niemand gefeit. Ich versehe – zum Beispiel – eine Einladungskarte mit einem falschen Datum. Ich enttäusche Menschen in ihren Erwartungen. Und dabei bin ich so etwas wie eine Perfektionistin, ich will immer mein Bestes geben. Aber Versagen ist mit im Spiel. Oder: Ich möchte mich geben und es wird nicht angenommen. Da frage ich mich natürlich: Was machst du falsch? Vielleicht gibt es auch Menschen, die Freundlichkeit nicht annehmen können wegen der „inneren Narben".

Wie erholen Sie sich? Woher kommt für Sie neue Kraft?

Eine schwere Frage! Wenn ich erschöpft oder traurig bin, rette ich mich in die Organisation. Ich überlege: Was ist jetzt dran? Was ist morgen zu tun? Ich denke, man soll traurige Momente nicht emotional vertiefen oder hochspielen. Mein Rezept ist: Arbeiten! Etwas Sinnvolles tun. Über diese Brücke des sachlichen Tuns finde ich dann wieder zurück zu den schönen Dingen. Und auch zum Sinn des Lebens, der für mich heißt: für andere da zu sein. Leerlauf ist Gift. Nichtstun macht krank. Wenn ich nur bei mir selbst bleibe – wer bin ich dann?

Und immer wieder finde ich Hilfe im Gebet, wie ich vorhin schon sagte. Das Gebet gibt mir neue Kraft, aber ich würde nie nur passiv darauf warten.

Antoschka

Die Seele der Menschen berühren

Foto: Alfred Köstler

Antoschka (Ekaterina Moshaewa) wurde 1954 in der sibirischen
Stadt Kemerowo geboren. Mit acht Jahren trat sie in eine Ballett-
schule ein, mußte aber ihr Ziel, Primaballerina zu werden, bald
aufgeben, da sie an Rheuma erkrankte. Lange Krankenhaus-
aufenthalte. Mit vierzehn Jahren besuchte sie zum ersten Mal einen
Zirkus und war so fasziniert, daß sie blieb. Sie wurde Akrobatin,
dann Clownin. 1972 Heirat, ein Sohn: Jaroslaw. 1986 Scheidung.
Seit 1989 mit dem Journalisten und Fotografen A. Köstler
verheiratet.
Als Artistin für alle Genres – Akrobatik, Jonglieren, Einrad-Reprisen,
Kleintierdressur: ein Minizirkus in sich – gab Antoschka Gastspiele
rund um die Welt.

Sonntagmittag, zwölf Uhr. Regen. Ich stehe vor dem Zirkus Busch-Roland und frage nach Antoschka.

„Antoschka? Der kleine weiße Wohnwagen da drüben . . . wo die Blumen vor der Tür stehen!"

Auf gestapelten Plastikstühlen in einem Wassereimer: Rosen – gelbe und rote, fünfzig oder mehr – von begeisterten Fans. Drei Tage ist der Zirkus schon in Detmold.

Da geht die Wohnwagentür zufällig auf. Antoschka kommt heraus: klein, schmal und unscheinbar in schwarzen Jeans und Pullover, das lange braune Haar offen. „Hallo! Kommen Sie herein!" Sie greift nach meiner Reisetasche und stellt sie vor die Spüle. Ich habe das Gefühl: Jetzt wird der ohnehin kleine Lebensraum unzumutbar eng. „Setzen Sie sich! Wollen Sie Kaffee, Milch, Zucker?" Die orange- und ingwerfarbenen Katzen nehmen nach anfänglicher Neugier ihre gewohnten Plätze wieder ein und schlafen weiter. Antoschkas Mann ist noch in seinem Bürowagen, wo er Korrespondenz erledigt. Da wir nur wenig Zeit haben, beginnen wir gleich mit dem Interview. Antoschka hört meine Fragen sehr aufmerksam und redet dann, erzählt, erklärt – ich kann sie kaum unterbrechen. Nach einer Stunde etwa will ich gehen. Sie sagt: „Nein! Kommen Sie mit zur Dressur! Mein junger Hund muß jeden Tag trainieren. Der Terriermischling ist begeistert, in die Manege zu dürfen, er rennt und springt. Es macht beiden Spaß. Aber Zirkus ist nicht romantisch, sondern hartes Leben. Immer ist es eng, zugig, stressig. Ein Ankommen und Abreisen und Unterwegssein. Das hält nur ein Mensch aus, dessen Leben die Manege ist – Antoschka, zum Beispiel.

*A*ntoschka, Sie sind Clownin. Ein ungewöhnlicher Beruf für eine Frau!

Ich bin als Clown geboren. Ich wollte immer Freiheit und Eigenständigkeit – schon als Kind. Und in dieser Rolle kann ich alles machen: ich kann jonglieren, balancieren, mit Tieren arbeiten, Komisches erzählen, Leute zum Lachen und zum Weinen bringen. Und ich kann immer wieder etwas Neues in mein Programm aufnehmen: das, was ich sehe und erlebe. Niemand diktiert mir, was ich zu tun habe. Ich bin Anarchistin. Die russische Seele ist anarchisch, und ich bin Russin bis in die Knochen.

Der Clown Antoschka – kleiner Anton – ist ein Kind: wach, freiheitsliebend, frech, phantasievoll. Meinen Sie, daß die Zuschauer sich in Antoschka wiederfinden können?

Antoschka darf alles, und er probiert alles. Und alles – fast alles – gelingt ihm. Er ist ein Gewinner. Und wenn er mal verliert, ist er traurig – natürlich! – aber nicht lange Zeit. Er findet dann einen anderen Weg. Die Sehnsucht, wie Antoschka zu sein, ist in jedem Menschen. Manche Zuschauer waren vielleicht seit zwanzig Jahren nicht im Zirkus – oder zuletzt als Kind. Sie sagen dann: „Jetzt bin ich grauhaarig, ich komme in den Zirkus und bin wieder wie ein Kind."

Ihr Programm heißt „Antoschkas Traum". Ist dieser Traum nicht sehr unrealistisch?

Ich glaube, wenn du wirklich etwas erreichen willst und es probierst, dann schaffst du es auch. Das ist Antoschkas Philosophie. Die Menschen spüren das, sie wachsen daran. Und sie leben wieder gern. Antoschkas Traum ist eine Feier für die Seele. Das Publikum erinnert sich über viele Jahre daran. Als ich nach acht Jahren mit einem Gastspiel ein zweites Mal in Amerika war (mit Holiday on Ice), da kam ein junger Mann zu mir, der mich als Kind gesehen und sich heimlich in mich verliebt hatte, um mir seine Freundin vorzustellen. Eine junge Frau, die mich auch kannte und jetzt ein Baby erwartete, sagte: „Es kommt ganz bald, ich muß es dir dann zeigen!"

Antoschka hat sich nicht nur in die Herzen der Kinder, sondern auch der Erwachsenen hineingespielt – und sie behalten das jahrelang. Vielleicht, weil es Lebenssituationen sind, nichts Ausgedachtes.

Sie haben einmal gesagt: „Antoschka ist Optimist". Sind Sie auch kindlich-optimistisch?

Nein. Ein wacher, intelligenter Mensch kann kein Optimist sein. Ich bin zwar Kosmopolitin und reise durch die ganze Welt, aber ich bleibe Russin. Und wenn ich sehe, was mit meinem Land zur Zeit passiert, berührt mich das tief. Manche glauben, nur eine Diktatur kann ein so großes wildes Land zusammenhalten. Die politische Führung . . . Wie soll es weitergehen? Nein, Optimistin bin ich nicht und werde es auch nicht dadurch, daß ich für meine Arbeit viel Applaus und viele Komplimente bekomme.

Antoschka dagegen ist ein Gewinner in allem. Und was fehlschlägt, schüttelt er ab wie eine Katze. Antoschka ist ein Traum, der Traum aller Menschen. Ich zeige das in meinem ersten Stück. Da tanze und jongliere ich mit Bällen, aber nach dem Willen eines anderen, der mich fest im Griff hat. Aber dann zerreiße ich die Fäden und bin frei. Ich singe das Lied der Marionette mit dem Refrain:

„Der Faden, der ist schuld daran,

daß ich allein nicht laufen kann.

Doch heute reiß ich ihn entzwei

und lauf und springe – endlich frei."

Die Menschen verstehen das. Sie möchten es auch schaffen. Und es geht!

Ihr Programm steht. Aber Sie ändern dies und das, fügen neue Ideen ein. Sie schreiben neue Stücke. Woher kommen die Anregungen dafür?

Aus dem Alltag. Ich gehe über eine Straße oder in ein Geschäft, und ich höre, was die Leute reden. Ich sitze vor dem Fernseher oder gehe in ein Museum. Ich lese die Zeitung oder spreche mit meinem Sohn. Und da gibt es Momente, die mich so stark berühren, daß ich darüber etwas schreibe. Daraus kann dann ein neues Stück werden. Ich habe etwas erlebt und möchte, daß andere Menschen es auch erleben, auch darüber nachdenken. Unser Leben ist stressig und eilig. Das Allerwichtigste ist Zeit. Aber wir haben nie Zeit. Wir tun soviel und machen uns soviel Mühe – für nichts! Es kommt nichts dabei heraus! Und dann geht uns das Gefühl verloren, das Mitgefühl für die Familie und Freunde.
Wir hetzen uns, um Zeit zu sparen, aber was tun wir mit der gesparten Zeit? Es ist wie beim „Kleinen Prinzen" von Saint-Exupéry. Der Händler stellt durststillende Pillen her, um den Menschen die Zeit zu sparen, zum Brunnen zu laufen. Der Kleine Prinz fragt ihn: „Und was macht man mit diesen dreiundfünfzig (ersparten) Minuten?" „Man macht damit, was man will". „Wenn ich dreiundfünfzig Minuten übrig hätte", sagte der kleine Prinz, „würde ich ganz gemächlich zu einem Brunnen laufen."
Antoschka erinnert die Menschen an diese vergessene Weisheit. Sie können darüber nachdenken und werden es behalten, weil es ihre Seele berührt hat. Ohne diese geistige Dimension wäre meine Arbeit sinnlos. Die Zuschauer hätten schon beim Hinausgehen alles wieder vergessen.
Wer nie Zeit hat, verliert die Fähigkeit zu fühlen, mit anderen mitzufühlen.

Wie bringen Sie diese Botschaft rüber? Wie kommt der Kontakt zum Publikum zustande?

Durch das Mitfühlen. Antoschka berührt die Seele der Zuschauer. Daß sie lachen, ist nicht das Wichtigste. Lachen ist gut und gesund, aber es gibt auch Momente, wo geweint wird.

Als ich einmal auf einen Flohmarkt ging, um nach alten Dingen zu suchen, kam eine Frau auf mich zu – eigentlich erkennt man mich ohne Maske gar nicht so leicht – und rief: „Antoschka! Antoschka! Ich habe Ihre Vorstellung gesehen. Es war so schön! Ich habe so geweint." Sie hat nicht gesagt: „gelacht"! Aber sie war ganz glücklich. Weinen wäscht die Seele. Lachen oder Weinen – was die Seele berührt, tut gut.

Wollen Sie die Menschen so an das erinnern, was sie verloren haben?

Ja! Ein Clown ist ein weises Kind. Er sieht mit den Augen der Kinder. Erwachsene sind durch so viele Gebote und Verbote dressiert. Der Chef sagt: Tu dies, tu das! In der Familie mußt du dies und das tun als Vater oder als Mutter . . . ein Kind – meine ich – ist noch nicht so fremdbestimmt. Es sieht andere Dinge, und anderes ist ihm wichtig. Das kommt in meinem Stück zum Ausdruck, wo Antoschka eine Katze findet. Ein herrenloses Tier, das niemand will. Antoschka freut sich, denn er hat einen Freund gefunden, einen Spielkameraden. Seine Eltern haben keine Zeit für ihn, sie müssen arbeiten, wie alle Eltern. Geschwister hat er nicht. Aber dann kommt ein Erwachsener. Als er die Katze sieht, sagt er: „Weg mit der Katze! Infektionsgefahr! Schmutz! Das Futter kostet nur Geld! Du brauchst das Tier nicht." Antoschka sieht das anders: Er hat einen Freund gefunden. Etwas für die Seele. Etwas Lebendiges, ein Wesen, mit dem man sich versteht. Er möchte dem Tier etwas geben, nicht nur nehmen, und das ist wunderschön. Die Zuschauer freuen sich, sie applaudieren und wollen, daß Antoschka die Katze behält, sie fühlen mit und kämpfen mit. Und das ist doch das Wichtigste im Leben: einen Menschen zu haben, der dich versteht und mitgeht und mit dir fühlt.

Ist es nicht schwierig, immer wieder die gleichen Stücke mit neuem Elan zu spielen – zweimal pro Tag und viele Male in der Woche?

Meine Präsentation ist nie gleich. Ich stelle mich ja spontan auf die Reaktionen des Publikums ein. Da kommt oft viel Energie zu mir herüber, und ich gebe sie zurück. Das Publikum ist ganz stark beteiligt an der Vorstellung.

Und wenn die Zuschauer nur schwach reagieren? Das ist ja sicher unterschiedlich von Stadt zu Stadt und Land zu Land.

Wenn ich an meine Gastspiele rund um den Globus denke oder an die Deutschlandtournee jetzt: Es gibt kein schlechtes Publikum. Es gibt nur schlechte Akteure und Künstler. Natürlich bin ich nicht immer in Hochform und Hochstimmung. Ich quäle mich dann und die Zuschauer kommen nicht in Stimmung. Auf Sylt – zum Beispiel – da hatte ich einen Bänderriß und wahnsinnige Schmerzen. Aber da ich das ganze Programm mitgestalte, darf ich nicht ausfallen. Ich konnte mich nur schwer konzentrieren. Wir haben im Zirkus das Publikum eben ganz nah, es muß mitgehen . . . Beim Theater ist das anders, da gibt es so etwas wie eine unsichtbare Wand. Der Kontakt ist weniger direkt.

Wenn es gut geht, fließt zwischen dem Clown und dem Publikum ganz viel an Sympathie, Freundlichkeit und Wärme hin und her. Sie nennen es eine „positive Energie", die für Ihre Arbeit sehr wichtig ist. Gibt es für Sie auch so etwas wie eine Offenheit zu Gott hin?

Religiös bin ich nicht. Ich bin zwar russisch-orthodox, aber nicht so wie „die Gläubigen". Ich habe – wenn ich das so sagen darf – meine eigene Religion. Es ist etwas frech, das zu sagen.
In meiner Krankenhaus-Zeit – und das waren fast fünf Jahre – habe ich natürlich viel gelesen. Ich hatte sonst nichts zu tun. Ich

las gute Bücher, aber ich war zu jung dafür, noch keine vierzehn Jahre! Nebenher habe ich auch in buddhistischer Literatur, im Koran und in der Bibel gelesen. Es war ja nicht leicht, in Rußland religiöse Bücher zu bekommen. Sie waren lange Zeit verboten. Von Theologie habe ich keine Ahnung. Ich habe das nie studiert, auch in der Schule nicht. Aber ich glaube an Gott. Ich glaube, daß er böse Taten bestraft und gute belohnt. Was du an Bösem oder Gutem tust, kriegst du irgendwann wieder zurück. In meinem Leben gab es viele Höhepunkte und Tiefpunkte. Und manchmal dachte ich, ich hätte zu harte Strafen bekommen. Aber später sah ich: das war ein Unterricht, eine Schule für mich. Ich bin dadurch klüger und stärker geworden.

Welches der Bücher, die Sie gelesen haben, hat Sie am stärksten geprägt?

„Der Kleine Prinz" von Saint-Exupéry. Da steckt ja eine ganze Philosophie drin! Dieses Buch ist meinem Herzen sehr nah. Ich könnte endlos daraus zitieren, zum Beispiel aus dem, was der Kleine Prinz sagt und was der Fuchs antwortet: „Du bist zeitlebens für das verantwortlich, was du dir vertraut gemacht – was du gezähmt – hast."
Meine Hunde, Katzen und Ratten, mit denen ich lebe und arbeite, sind so etwas wie meine Kollegen. Ich liebe sie, und sie lieben mich.

Als Vikarin war ich einmal bei einem Pastor, der später Zirkuspastor wurde. Ich habe gehört, daß es bei Ihnen gelegentlich auch Gottesdienste in der Manege gibt. Tut Ihnen das gut?

Ja, das ist schön. Ich finde das schön. Die Pfarrer können manchmal auch zwischen der Zirkusleitung und dem Personal vermitteln. Sie können mit beiden Seiten reden, das verbessert dann das Klima. Und ich erinnere mich noch heute an die Worte von

Pfarrer Schöning (Österreich). Die Leute haben ihn verstanden. Er hatte wirklich kluge Worte. Und in Berlin war es auch gut. Der Pfarrer Schaaf ist ein Freund der Familie Geier-Busch. Bei Pressekonferenzen z. B. verteidigt er die schwierige Situation des Zirkus Busch-Roland. Und er feierte mit allen Artisten und Zirkusleuten eine Heilige Messe in der Manege.

Und dabei ist etwas Komisches passiert: Sie wissen ja, meine Katze ist so dressiert, daß sie über meine Arme läuft, wenn ich sie nach vorn strecke. Ich stand zum Schluß neben dem Pfarrer in der Manege, meine Katze war auch dabei. Und als er dann die Arme zum Segen hob und sagte:

„Der Herr segne euch und behüte euch . . .", da ist sie eben auf *seine* Arme gesprungen. Alle lachten. Und die Messe hatte ein schönes Finale.

Eine Schlußfrage: Als ich auf das Zirkusgelände kam, sah ich: Sie leben ein hartes, bescheidenes Leben. Gab es in letzter Zeit etwas, was Sie besonders gefreut hat?

Ja! Und zwar während unserer drei Wochen in Hamburg. Sie haben ja sicher den Bericht über Elke B. im Abendblatt gelesen?! Sie hatte mir nach einer Vorstellung einen so netten Brief geschrieben und diesen Brief zusammen mit einem kleinen Geschenk in ein Kästchen gelegt. Sehen Sie hier: wie eine kleine Schatztruhe! Aber ich wußte natürlich nicht, wer Elke B. war und konnte mich nicht bedanken. Da haben das Hamburger Abendblatt und die Morgenpost mir geholfen, Elke B. zu finden. Sie meldete sich, kam zum Zirkus, und wir haben uns kennengelernt. Als sie erfuhr, daß ich gerade krank gewesen war und mein Magen durch all die Antibiotika noch ganz kaputt war, hat sie mir am nächsten Morgen ein Frühstück vor die Tür gestellt: Brötchen und Butter und Honig und Haferflocken! Die esse ich bis heute! Ich war zutiefst berührt. Das hat mir so geholfen, ich bin ganz schnell gesund geworden. Für die anderen Artisten und Zirkusleute hat sie an einem Abend ein ganzes Buffet in der Manege aufgebaut, und alle haben sich gefreut. Es war so schön, zusammen zu essen und zu trinken und miteinander zu reden. Sonst sitzt jeder in seinem kleinen Wagen. Und als die Zeitung davon berichtete, kamen in der letzten Woche noch ganz viele Zuschauer, alle wollten sehen, wie es mir geht, und brachten viele gute Wünsche. Sie haben mitgefühlt, und das tut gut. Balsam für die Seele. Ich bin wieder ganz gesund.

Das freut mich. Denn morgen fahren Sie ja weiter in die Goethestadt Weimar. Und Goethe, der gesagt hat, in jedem Manne sei ein Kind versteckt, wäre von Antoschka sicher auch sehr begeistert gewesen! Also: Gute Reise und vielen Dank für das Gespräch!

Lamin Sanneh

Wofür ich leben und sterben kann

Lamin Sannehs Bildungsweg wurde von vier Kontinenten geprägt:
Zur Schule ging er in Gambia (Westafrika) zusammen mit den Söh-
nen der lokalen Häuptlinge. Studium der Geschichte in den USA.
Studium der arabischen Sprache und des Islams im Mittleren Osten.
Dissertation über islamische Geschichte, London. Er war acht Jahre
Professor in Harvard, bevor er 1989 an der Yale-University die Profes-
sur für Mission und Weltchristentum aufnahm. Seine Veröffentli-
chungen befassen sich mit christlich-islamischen Interaktionen in
Westafrika und mit dem Stellenwert des Christentums angesichts der
Globalisierungsproblematik. Er ist verheiratet und hat zwei Kinder.

*In diesem Jahr verbringen wir unsere Ferien in Portugal, um an einer Konferenz des Ökomenischen Rates der Kirchen in Figuera da Foz teilzunehmen. Theologen aus aller Welt sind gekommen. Wir wohnen in kleinen Holzhäusern an einem Pinienhang – nicht weit vom Meer. Als wir an einem Abend mit unserem Freund Lamin Sanneh bei einem Glas Wein zusammensitzen, erzähle ich von meinem gerade begonnenen Interviewbuch: „Dafür lohnt es sich zu leben". Lamin sagt: „Das ist ein wichtiges Thema! Denn viele Menschen haben zwar immer noch genug, **wovon** sie leben können, aber nicht, **wofür** sich das Leben lohnt."*

„Stimmt! Könntest Du vielleicht etwas dazu sagen . . . in einem kurzen Interview . . . morgen, wenn die Tagung zu Ende ist?"

„Ja, gut . . . warum nicht?"

Wir treffen uns am folgenden Nachmittag, und ich frage ihn:

Lamin, du bist in Gambia/Westafrika aufgewachsen – in einer muslimischen Familie. Wie kam es damals eigentlich dazu, daß du dich hast taufen lassen und Christ geworden bist? War das nicht ein großer Schritt, der auch Isolation bedeutete?

Ja, das war nicht leicht. Ich habe es mir ein Jahr lang überlegt. Aber ich wußte sehr klar: In Jesus Christus ist alles für mich da, was ich je brauchen werde. Alle Schätze der Weisheit liegen in ihm. In ihm ist die Fülle des Lebens. Und nur mit ihm und für ihn hat mein Leben Sinn. Als Christ habe ich etwas, wofür ich leben und sterben kann. Das machte mich sehr glücklich. Und ich habe es nicht bereut. Mit meiner Familie habe ich heute guten Kontakt, ich bin gelegentlich zu Hause in Gambia . . .

Du lebst nun seit vielen Jahren in den USA. Als Professor für Missionswissenschaft unterrichtest du an der berühmten Yale-University. Fühlst du dich inzwischen als Amerikaner oder stärker als Afrikaner?

Ich habe mich natürlich angepaßt, aber ich bin nicht völlig in der amerikanischen Kultur aufgegangen. Ich bleibe Afrikaner. Aber meine afrikanische Identität ist durch das Evangelium – durch seine Auswirkung auf mich – verwandelt worden. Ich habe immer das Gefühl: Amerika, Europa oder Afrika – wo ich gerade bin, dahin hat Gott mich gestellt. Und da soll ich meine Arbeit so gut machen, wie ich kann.

Was möchtest du deinen Studenten vermitteln?

Mit einem Wort: das „missionary movement". Ich möchte zeigen, daß es so etwas wie eine weltweite Gemeinschaft gibt trotz kultureller und sprachlicher Unterschiede. Daß ein Mensch aus dem Bayerischen Wald, dem Schottischen Hochland oder aus Skandinavien in einen völlig anderen Teil der Welt gehen kann, dort in diese Welt eintaucht – für zwanzig oder dreißig Jahre –, eine andere Sprache lernt, daß er ißt, was die Menschen dort essen, mit ihnen redet – und nach einiger Zeit vergessen die Leute, welche Hautfarbe der Fremde hat, und der Fremde vergißt, woher er gekommen ist. Sie reden und streiten miteinander – die Kulturen durchdringen sich. Es ist möglich, Grenzen niederzureißen. Ich sage das natürlich mit allen Einschränkungen. Aber daß es dies gibt, gehört für mich zum Aufregendsten in meinem Leben.

Und wenn du Menschen triffst, denen ihr Leben nicht soviel bedeutet wie dir, die keinen Sinn für sich sehen – was sagst du ihnen?

Als ich Professor in Harvard war, rief mich einmal eine Studentin an, die sehr depressiv war und Selbstmordgedanken hatte. Ich redete mit ihr und sagte: „Sie sind eine sehr begabte Frau. Sie haben gute Studienergebnisse. Sie müssen weiterarbeiten! Sie müssen sich mit etwas anderem beschäftigen, als nur mit sich selbst."

61

Ich sage solchen Menschen: „Suche nach etwas, mit dem du dich beschäftigen kannst, ein Ziel, das sich lohnt. Wenn du das nicht tust, verpaßt du viel. Gott meint es gut mit dir. Er ist auf deiner Seite."

Hat deine Einstellung zum Leben etwas mit deiner Kindheit, deiner Erziehung zu tun?

Ich glaube schon. Meine Eltern haben mir z.B. beigebracht, daß ein Sandkorn und ein Tropfen Wasser schließlich zu dem großen Ozean und seiner Küste beitragen. („Little by little you build up great things.") Das muß man glauben: Man sieht die Ergebnisse seiner Arbeit nicht gleich am nächsten Tag, aber vielleicht in zwei, drei Jahren. In der Zwischenzeit müssen wir auf das Ziel sehen und darauf ausgerichtet bleiben. Das Nichtaufgeben ist wichtig. Menschen sind nicht dann elend, wenn die Umstände miserabel sind, sondern wenn ihr Herz es ist.
Eines Tages ging ich als Kind weinend zu einem Freund meines Vaters und sagte: „Ich kann nicht zu dem Fest in unserem Dorf gehen, ich habe keine Schuhe!" Ich heulte und war maßlos traurig. Der Mann sah mich an und sagte: „Mein junger Freund, nun überlege doch mal: Du hast zwar keine Schuhe, aber du hast zwei gesunde Füße!" Das hieß: Gott meint es gut mit dir. Er ist auf deiner Seite!
Das können Christen deutlich machen: zum Beispiel in der Flüchtlingsarbeit, in der Hospizarbeit, in der Aidshilfe usw. Gerade diese Menschen brauchen ein Umfeld, wo sie sich wohlfühlen können, weil sie akzeptiert sind. Sie brauchen das Gefühl der Zugehörigkeit und Gemeinschaft.
Als ich selbst noch ein Schüler war, brauchte ich Schulgeld, Bücher, eine Schuluniform. Meine Familie war arm. Deshalb ging ich zu Leuten und fragte, ob ich ihr Haus saubermachen könnte . . . oder ob sie irgendwelche Jobs für mich zu tun hätten. Sie zahlten mir ein paar Shilling. So hatte ich Schulgeld und

konnte sogar meiner Familie noch etwas geben. Das schien mir sinnvoller als zu klagen, daß ich leider nicht zur Schule gehen könnte.

Kinder wachsen heute ganz anders auf . . .

Ja, sie sind die Opfer der schnellen Veränderungen in unserer Gesellschaft. Sie sind am verletzlichsten, und sie können nicht für sich selbst sprechen.
Eine der größten Veränderungen ist wohl, daß unsere Gesellschaft gegenüber Kindern immer unfreundlicher und ungeduldiger, auch unduldsamer wird. Wir organisieren unser Leben nach unseren eigenen Interessen, die Kinder kommen an zweiter Stelle. Wer aber so aufgewachsen ist, der hat keine Kraft, keine Grundlage, keine Reserven, aus denen er leben und seine Kinder erziehen kann. So schaffen wir mit unserem Verhalten eine instabile Zukunft. Vielleicht können wir nicht anders, als so zu leben. Wir können das Rad nicht zurückdrehen. Aber dann sollten wir diese Probleme im voraus bedenken und nach Lösungen suchen.

Eltern fehlt nicht nur die Zeit, sondern auch der Mut und die Klarheit, ihren Kindern einen Weg zu zeigen. Sie sind selbst ratlos.

Ja, die Erwachsenen zögern, Richtlinien aufzustellen. Und wenn sie von ihren Kindern herausgefordert werden, geben sie nach, anstatt Widerstand zu leisten. Eltern möchten eben, daß ihre Kinder sie mögen und sagen: „Es sind nette Eltern!" Die Kinder wissen das natürlich. Es gibt Familien, in denen dreizehn- oder vierzehnjährige Kinder schwerwiegende Entscheidungen selbst fällen, zum Beispiel, auf welche Schule sie gehen und wo sie leben wollen. Da wird zu früh zuviel Verantwortung auf die Schultern der Kinder gelegt. Große Entscheidungen können die Kinder später treffen, dafür ist ja noch viel Zeit!

Was wir tun können, ist: ihnen zeigen, *wie* man Entscheidungen trifft. Wie wir selbst Entscheidungen treffen – nach welchen Kriterien – und wie wir dann die Verantwortung für unsere Entscheidungen übernehmen. Eines der wichtigsten Dinge, die Kinder zu Hause in der Familie lernen müssen, ist, daß sie Verantwortung haben für die Gemeinschaft, in der sie leben. Daß ihr Handeln Konsequenzen für ihre Umwelt hat. In den Vereinigten Staaten leben wir ja in einer Kultur, die das Gegenteil glaubt: nämlich daß Kinder die Freiheit haben müssen, zu tun, was sie wollen. Keiner soll ihnen Vorschriften machen. Das ist natürlich auch richtig. Aber weil wir alle voneinander abhängen und aufeinander angewiesen sind, müssen die verschiedenen Interessen ausbalanciert werden.

Kinder und Jugendliche haben es in unserer Zeit nicht leicht.

Es ist schwer für sie, ihren Weg zu finden, weil sie kaum Vorbilder haben. Die Eltern haben nicht den Mut, geschweige denn die Weisheit, ihre Kinder zu formen und ihnen den Glauben an etwas zu geben. Die meisten Kinder können tun, was sie wollen. Gehen, wohin sie wollen. Essen, was sie wollen. Sagen, was sie wollen. Sie müssen sich sehr verloren und alleingelassen fühlen, wenn sie nach Sinn für ihr Leben fragen. Die Grundbedürfnisse sind zwar meistens abgedeckt, aber es ist ja nötig, darüber nachzudenken, *wozu* wir auf der Welt sind. Die Möglichkeiten sind unendlich geworden in unserer Zeit, aber wohin soll ich gehen? Was soll ich tun? Darum müssen die Kinder von ihren Eltern lernen, wie man Entscheidungen trifft und Verantwortung dafür übernimmt. Es reicht nicht aus, sich immer nur zu vergnügen. Bei den Eltern müssen die Kinder so etwas wie Lebenssinn und einen Weg sehen, der zur Fülle des Lebens führt.

Was wünschst du der jungen Generation?

Daß sie eine Antwort findet auf die Frage: Was ist mein Weg? Wozu bin ich da? Und daß sie sich viel Zeit nimmt, darüber nachzudenken. Die Chancen sind heute so groß wie noch nie.

Lisbeth Meißner

Laß los, was dich bekümmert!

Lisbeth Meißner, 1934 in Ostpreußen geboren. 1945 Flucht. Zweieinhalb Jahre Internierungslager in Dänemark. Später Zusammenführung der Familie im Lager Friedland. Ausbildung zur Hauswirtschaftsgehilfin. Sieben Jahre Arbeit in einem Haushalt. 1958 Heirat. Der Beruf ihres Mannes (Lehrer) führte die Familie zunächst nach Bremerhaven, dann nach Rothenburg, wo die Töchter Anne (1960) und Birgit (1961) geboren wurden. 1963 kam ihr blinder, geistig behinderter Sohn Christof zur Welt. Die Familie lebte nun in Hamburg-Öjendorf. 1989 Umzug in ein kleines Haus nach Hamburg-Billstedt.

Für den späten Vormittag haben wir uns zu einem Gespräch ver-
abredet, weil Lisbeth Meißner dann Zeit hat. Ihr behinderter Sohn
ist für den halben Tag in einer Tagesstätte. Ich fahre durch die Stadt
nach Hamburg-Billstedt und halte vor einem kleinen Einfamilien-
haus. An der Südseite, im Schutz der Mauer, blühen schon
Schneeglöckchen und Szilla. Das Beet ist noch halb mit Tannen-
zweigen bedeckt. Frau Meißner entschuldigt sich: „Ich bin noch gar
nicht dazu gekommen, den Garten fertig zu machen, es ist immer
soviel zu tun." Sie bittet mich ins Wohnzimmer. Auf dem Tisch ste-
hen Tassen und Teller. Sie gießt eine Kanne Tee auf. Unser Gespräch
kann beginnen.

Frau Meißner, Ihr behinderter Sohn braucht Sie und Ihren Mann
täglich – oft auch nachts. Wie schaffen Sie es – nun seit 33 Jah-
ren –, immer für Ihren Sohn dazusein?

Allein würden wir es nicht schaffen. Aber wir haben Hilfe durch
die Tagesförderstätte vom Spastikerverein. Unser Sohn wird morgens um sieben Uhr abgeholt und kommt nach dem Mittagessen
zurück. Dreimal pro Woche hilft uns ein junger Pädagoge. Trotzdem . . . die Wochenenden sind lang, besonders, wenn es ihm
nicht gut geht . . . wenn er unruhig ist und kreischt. Ich bin froh,
daß Christof gehen kann – ein paar Schritte in der Wohnung
allein und draußen, wenn ihn jemand führt. Christof ist ja mehr-
fach behindert: Er ist blind und geistig behindert. Er kann nicht
sprechen, aber hören . . . sogar sehr gut hören. Er liebt Musik,
auch Geschichten, aber wir wissen nicht, wieviel er versteht.

Und wenn Christof Ihnen etwas mitteilen möchte – wie macht er
das?

Das ist schwierig, aber natürlich gibt es für die verschiedenen Bedürfnisse unterschiedliche Äußerungen. Wenn er ins Bad will, kommt er und faßt nach meiner Hand und zieht mich mit sich. Was Essen und Trinken angeht, da muß ich ihn fragen: „Krischi, hast du Durst? Willst du etwas essen?" Dann muß ich darauf achten, ob er Interesse zeigt oder nicht, ob sein Gesicht aufleuchtet und er die Hand ausstreckt, was bedeutet: Ja, bring mal was her! Das Nein und das Ja verstehen wir ganz gut: er schiebt uns weg oder faßt nach der Hand. Es klappt nicht immer, aber meistens.

Helfen die Fördermaßnahmen in der Tagesstätte Ihrem Sohn, sich besser verständlich zu machen?

Ja, sehr. Eine der Erzieherinnen kennt Christof seit seinem 19. Lebensjahr. Neulich sagte sie: „Christof hat mir erzählt . . ." Ich stutzte und sagte: „Aber er kann doch gar nicht erzählen . . ." „Doch", meinte sie, „ich hab ihn gefragt, und er hat Zustimmung oder Ablehnung gezeigt." Er hat dort auch das Tischdecken gelernt. Er stellt die Teller vom Teewagen auf den Tisch – wenn auch nicht immer an die richtige Stelle. Und das tut er bei uns nun auch. Ich gebe ihm Bretter und Becher und zeige ihm: Hier für Papa, da für Christof, da für Mama! Das ist dann aber auch genug. Er ist, was die Konzentration angeht, schnell erschöpft und hat dann keine Lust mehr. Zwingen kann man ihn nicht.
Und er hat in der Tagesstätte auch soziales Verhalten gelernt: Er hat gelernt, daß andere Menschen anders sind, daß sie auch ihr Recht haben und er nicht immer im Mittelpunkt steht. Übrigens: Er hat dort auch das Fach: Kochen.

Und wie geht das?

Die Erzieherin nimmt ihn mit in die Küche. Er steht neben dem Herd, und sie erzählt ihm, was gerade gekocht wird. Er darf umrühren und riechen und schmecken. Das machen wir hier zu Hause jetzt auch. Ich erzähl' ihm, wenn er am Küchentisch neben mir steht: „Ich schäl' jetzt Kartoffeln!" Er langt dann hin, aber wenn es ihm zu kalt oder zu naß ist, dann wirft er die Kartoffel weg oder haut ins Wasser, daß es mir bis zu den Ohren spritzt. Ich sag dann: „Geh mal lieber weg, wenn du so planschst." Dann ist er entweder ganz behutsam, oder er lacht und geht weg.

Sie sagten: Christof hört gut, er liebt Musik und Geschichten. Hört er gern Radio?

Ja, ab und zu stelle ich das Radio an. Neulich, am Sonntag, da haben wir – wie gewöhnlich – zusammen einen Gottesdienst gehört. Als der Pastor sagte: „Wir wollen nun beten, wie Jesus Christus es uns gelehrt hat", da stand Christof aus seinem Sessel auf und griff nach mir. Ich sollte mit ihm die Hände falten. Er wußte: Jetzt kommt das Vaterunser. Das gehört zu ihm, es bedeutet ihm etwas. Einmal wurde das Vaterunser gesungen. Da stand er auch auf, war aber ratlos. Erst als ich die Bitten laut mitsprach, war er zufrieden. Es muß alles so sein wie immer. Und bei Liedern, die er kennt, summt er mit. Nicht immer, aber hin und wieder.

Das ist ja eine wunderbare Erfahrung, aber sicher gibt es in Christofs Entwicklung auch manches, was Sie traurig macht.

Es gibt so etwas wie Lernen und Entwicklung, Fortschritte . . . minimale Schritte, die man nur bei genauem Hinsehen wahrnimmt. Aber es gibt leider auch Rückschritte. Das ist an seiner Sprache deutlich zu merken. Er hat früher „Mama" und „Papa" zu uns gesagt, das war nach einer Infektionskrankheit wie ausgelöscht. Er sagt es nicht mehr. Er hat es vergessen. Vieles von dem, was er schon konnte, beherrscht er nach einer Krankheit oftmals nicht mehr. Dann müssen wir wieder von vorne anfangen. Grippe, Erkältungen, Magen-Darm-Erkrankungen bedeuten immer einen großen Rückfall. Er weint dann viel, ist laut und unruhig, kann nicht schlafen. Er möchte sich mitteilen, kann es aber nicht. Und ich verstehe überhaupt nichts. Durch seinen niedrigen Blutdruck und Tonus kippt dann alles um. Seine Steuerung funktioniert nicht mehr richtig, er drückt sich selbst dann so fest, bis das Blut läuft, oder er beißt sich in die Hand, bis wir – mit Hilfe unseres Arztes – herausgefunden haben, was er hat und was eventuell die richtige Medizin wäre. Er kann ja nicht sagen, ob er Kopfschmerzen hat oder was ihm wehtut. Und das braucht viel Kraft. Er spürt es auch, daß ich dann manchmal einfach nicht mehr kann . . . wenn die Tränen laufen. Wie gut, wenn mein Mann dann sagt: „Komm, ich bleib bei ihm! Geh erst mal an die frische Luft!"

Und Sie spüren andrerseits auch, wenn es ihm gutgeht und er sich über etwas freut?

Ja, er kann seine Zufriedenheit gut zeigen. Dann lacht er auch. Neulich – als er krank gewesen war – stand er im Badezimmer und zitterte, er schlotterte richtig. Ich gab ihm Medikamente, was ihm half, die Spannung wieder aufzubauen, und sagte so beiläufig: „Du alte Zitterpappel!" Da mußte er lachen, und das Zittern war vorbei. Lachen ist etwas Befreiendes, aber es passiert viel zu selten. Manchmal lacht er, wenn er Geschichten oder Lieder komisch findet. Aber das ist lange nicht mehr passiert. Er freut sich, wenn er bei Geschichten bestimmte Redewendungen wiedererkennt. Das kommentiert er dann mit freudigen Ausrufen. Aber nach der letzten Grippe – vor drei Wochen – ist er noch nicht wieder der alte.

Sie geben Christof ja ganz viel Liebe. Kommt auch Liebe zurück?

Ja. Er kommt dann manchmal – wenn's ihm gutgeht – und schmust gerne bei Mama oder Papa. Wenn er mal sehr laut gewesen ist und ich gesagt habe: „Du nervst mich! Schrei doch nicht so rum!", dann kommt er ganz dicht ran, wie ein kleiner Vogel, sperrt den Schnabel auf und schmiegt sich an meine Wange: „Ich bin doch lieb, Mutti! Ich bin doch ganz lieb!" Dann sage ich immer: „Du bist auch lieb, aber das Laute kann ich nicht vertragen!" Das kommt dann so geballt raus und geht mir auf die Nerven.

Auch heute hat er mit mir rumgeschmust. Ich stellte das Radio an, die Hamburg-Welle, da kennt er einige Schlager . . . Auf einmal kam er an, gab mir ein Küßchen und legte den Arm um mich. Zärtlichkeit bedeutet ihm viel.

Wie ist das Verhältnis zu seinen beiden Schwestern?

Er mag sie sehr gern. Besonders liebt er die Birgit. Das war schon immer so, von klein auf. Früher hat er sie auch mit Namen gerufen: „Bebe! Bebe!" Wenn sie kam, war die Welt in Ordnung. Das ist auch heute noch so, aber Birgit hat ja ihre Arbeit, sie kommt nicht so häufig. Und Anne ist verheiratet, sie hat zwei kleine Mädchen, die mag er auch sehr. Nur wenn sie zu laut kreischen, wird er unruhig. Die Adern auf seiner Stirn schwellen an. Ich merke, wenn es ihm zuviel wird.

Haben Sie in letzter Zeit etwas besonders Schönes mit Christof erlebt?

Ja. Im letzten Sommer hat die Tagesförderstätte einen Ausflug nach Eckernförde gemacht, und da sind sie auch im Museum Haitabu gewesen. Eines der Mädchen hat dort eine Steinkette gekauft. Christof durfte diese Ketten anfassen und befühlen, und da hat er geäußert, er wollte auch so etwas kaufen. Die Erzieherin fragte ihn: „Für wen soll das denn sein? Für deine kleinen

Nichten?" Da leuchteten seine Augen auf. Er hat daraufhin zwei Ketten selber ausgesucht, und sie den Mädchen persönlich geschenkt. Ach, was war er stolz. Das sind so Freuden – da werde ich auch gleich ein Stück größer.

Christof nimmt auch Geschenke, die ihm gegeben werden, zur Kenntnis. Er versteht: Das ist etwas Besonderes. Wir haben unsern Töchtern von klein auf immer gesagt: Christofs Geschenke werden nicht eingepackt, damit er sie gleich ertasten kann und spürt, wie sie sich anfühlen. Aber er bekommt das Geschenkpapier extra – das Papier gehört schon dazu! Damit kann er dann herumknistern und rascheln. Das machen wir noch heute so.

Christof ist heute 33 Jahre alt. Wie war es damals, als er geboren wurde?

Es hat damals viele Tränen gekostet und viel Kraft. Ich hatte zuerst immer das Gefühl: Es ist wie ein Makel, der an einem haftet. Häufig reagierten die Leute mit so einem Bedauern, das nicht hilft: Die arme Mutter . . . Es fehlte doch viel an Verständnis. Als ich später mal in der U-Bahn mit ihm fuhr und er geschrien hat, da haben Leute Bemerkungen gemacht, die ich bis heute nicht verwunden habe. Zum Beispiel: „Das hast du nun von deiner antiautoritären Erziehung!" Oder: „Zu Hitlers Zeiten wäre so was nicht passiert. Die hätte man schon längst . . . Man hätte sie gar nicht an die Öffentlichkeit gelassen!" Das hat mir sehr wehgetan. Wenn das wieder in mir hochkommt, dann denke ich: Wie gut, daß es auch andere Menschen gibt, die mich mit offenen Armen empfangen und sagen: „Schön, daß du da bist! Du kannst jederzeit zu mir kommen!"

Wirkliche Freunde haben wir durch eine Familienfreizeit der Gemeinde gefunden – damals, als Christof noch klein war. Diese Freundschaften bestehen bis heute, wir telefonieren und schreiben uns. Ich habe nicht viel Kraft für neue Kontakte. Meine Töchter helfen mir über viel Schweres hinweg.

Wobei erholen Sie sich von Ihrem schweren Alltag?

Am besten geht es mir, wenn ich viele Menschen um mich habe. Wenn wir feiern und alles gut läuft, dann bin ich in meinem Element. Ich bin ein Familienmensch. Ich liebe die Geselligkeit. Oder – was auch guttut – wir machen einen Tagesausflug, so daß ich mal rauskomme und etwas Schönes erlebe.

Was mir besonders hilft? Daß wir sehr gute Freunde ganz in der Nähe haben: unsere lieben Nachbarn, zu denen ich jederzeit kommen kann. Wir sehen uns oft tagelang nicht, aber das Wissen, sie sind für mich da, das ist es. Und das gilt natürlich auch umgekehrt.

Erholung ist für mich auch, zur Kirche zu gehen. Der Gottesdienst hilft mir sehr. Das Singen tröstet mich. Man kann sich nicht selbst trösten, das geht nicht. Es muß von außen kommen . . . von andern Menschen. Mein Lieblingslied ist immer noch: „Wohl denen, die da wandeln vor Gott in Heiligkeit, nach seinem Worte handeln und leben allezeit; die recht von Herzen suchen Gott und seine Zeugniss' halten, sind stets bei ihm in Gnad."

Wenn es mir ganz schwer ums Herz ist – zum Beispiel im letzten Herbst, als mein Schwiegervater starb und Christof so krank und kreischig war – da hab ich dann zu meinem Sohn gesagt: „Komm, wir singen einfach!" Und ich habe angefangen ganz laut mit ihm zu singen . . . alles mögliche. Er hat erst zugehört, aber dann hat er ab und zu auch mitgesungen. Das war gut. Die große Traurigkeit war weg, ich konnte loslassen.

Es gibt für Sie gute und auch besonders schwere Zeiten.

Die letzten drei Jahre waren sehr schwer. Todesfälle im Familien- und Freundeskreis, viel Krankheit. Auch ich war krank. Hinzu kam, daß Christof, den wir in einer Wohngemeinschaft untergebracht hatten, dort wieder heraus mußte. Es ging nicht. Die Bewohner paßten nicht zusammen. Dadurch wurde er noch kränker. Wir brauchten fast zwei Jahre, um ihn wieder auf die Beine zu kriegen. Aber: So ist das Leben! In jeder Familie gibt es Schwierigkeiten. Und auf einmal sieht man dann doch das Gute. Meine Freundin sagt oft: „Laß los, was dich bekümmert. Schlaf erst mal. Morgen sieht das alles anders aus. Morgen ist ein neuer Tag, der hat andere Sorgen. Und auch immer etwas Gutes!"

Ihre Freunde sagen von Ihnen, Sie seien immer freundlich und ausgeglichen. Wie schaffen Sie das?

Das kriegt man geschenkt. Natürlich habe ich auch ein bißchen daran gearbeitet. Ich habe gemerkt: Wenn ich freundlich bin, dann kommt da auch was zurück. Meine Schwester sagte ganz früher mal zu mir: „Liselchen, denke immer: Mir macht es nichts aus, freundlicher zu sein als andere Menschen. Laß dich einfach nicht von den Launen anderer unterkriegen." Daran habe ich mich gehalten. Es kostet nicht viel, freundlich zu sein. Und wenn mir mal die Tränen laufen, das schadet doch nichts. Weinen ist wie eine Wäsche! Es ist gut, wenn man noch weinen kann! An schweren Tage weine ich. Und dann nehme ich ein Buch zur Hand. Ich lese regelmäßig mein Andachtsbuch „Termine mit Gott." Das sind kurze Abschnitte, die ich auch in der Bibel nachschlagen kann. Daraus kommt viel Kraft.

Kommt manchmal auch die Frage: Warum muß ich soviel Schweres tragen? Warum haben wir ein behindertes Kind?

Als Christof damals geboren war und ich erfuhr, daß er blind war, sagte meine Mutter zu mir: „Der liebe Gott lädt dir nicht mehr auf, als du schaffen kannst!" Aber ich habe viel geweint und oft gesagt: „Aber warum muß ich soviel tragen und so schwer?" Auf solch ein *Warum* gibt es keine Antwort. Als ich – auch in der Gemeinde – immer wieder fragte: „Warum habe ich ein behindertes Kind?", da hat eine Frau zu mir gesagt: „Frau Meißner, fragen Sie nicht: warum? Fragen Sie: wozu? Da habe ich langsam verstanden, daß dies meine Berufung ist und daß Gott sagt: „Du schaffst es. Ich bin bei dir!" Darauf hoffe und vertraue ich.

Jemand sagte mal: „Wofür bist du eigentlich so gestraft worden?" Ich war ganz verblüfft. Als Strafe habe ich mein Leben nie gesehen, sondern als eine besondere Berufung.

Natürlich ist mir trotzdem nicht immer zum Singen zumute. Manchmal ist mir die Kehle wie zugeschnürt, dann geht gar nichts. Aber dann kommt auch wieder ein Lichtblick, und ich kann mich freuen und lachen. Eigentlich könnte ich alles, was ich gesagt habe, in einem Satz zusammenfassen – oder noch besser in einem Bild: Diese Plastik von Dorothea Steigerwald, die dort steht, das Kind in der Hand des Vaters, sagt alles. So fühle ich mich: Geborgen in Gottes Hand – auch an den schweren Tagen.

Sonja Schubert

Wenn ein Löwe kommt

Sonja Schubert, 1973 in Windhoek/Namibia geboren, machte nach
der Schulzeit eine Computer-Ausbildung, die ihr aber nicht gefiel.
Schon immer wollte sie draußen in der Natur arbeiten. So studierte
sie drei Jahre lang „nature-conservation" (Naturschutz) an der
Technischen Hochschule in Windhoek. Außer Zoologie, Botanik und
Ökologie gehörten Recht, Verwaltung und vor allem Grundkennt-
nisse technischer Art zu ihren Fächern. Sie lernte, wie man Autos
repariert und Bohrlöcher setzt. Nach verschiedenen Praktika ist sie
nun seit einem Jahr als Game-Ranger (Wildhüterin) im Etoscha-
Nationalpark tätig. Sie wohnt in Namutoni am östlichen Ende der
Etoscha-Pfanne.

Daß ich Sonja kennernlernte, verdanke ich einem glücklichen Zufall. Sie lief uns sozusagen über den Weg. Astrid, eine junge Frau aus Windhoek, und ich waren seit ein paar Tagen unterwegs. Ich war eingeladen, die deutschen Gemeinden in Namibia – zwei Wochen lang – zu besuchen und dort Gottesdienste und Vorträge zu halten. Astrid sollte als Diakonin mit Kinder- und Jugendarbeit beginnen. Als wir in den Norden kamen, machten wir einen Abstecher zur Etoscha-Pfanne und fuhren etwa 150 km durch dieses große Wildreservat. Wir sahen Elefanten, Giraffen, Zebras, Springböcke, Gnus und viele kleinere Tiere, die zu den Wasserlöchern am Rande der Etoscha-Pfanne (ein ausgetrockneter See, 120 km lang, 72 km breit) kamen, um zu trinken. Am Ende dieser Tour – alles war mit weißem Kalkstaub bedeckt, die Haare wie Beton – machten wir eine Mittagspause in Namutoni, einem der drei Camps. Wir setzten uns einfach auf die Bordsteinkante neben unser Auto, weil es dort – auf dem Parkplatz – einen Schattenbaum gab.

Plötzlich hält neben uns ein Landrover, dem eine junge Frau entsteigt. „Hallo, Sonja! Was machst du hier?" ruft Astrid. Die beiden kennen sich aus Windhoek.

„Ich? Ich arbeite hier – als Wildhüterin!" Sie setzt sich zu uns, wir essen Lunch zusammen. Sonja fragt: „Habt Ihr Tiere gesehen?" „Ja, viele . . . aber keine Löwen!" „Dann kommt mit. Ich habe zwei."

Wir steigen in ihr Auto. Neben ihrem kleinen Haus mit Wellblechdach – eine Mischung aus Wohnwagen und Container – ist ein umzäuntes Gelände für ihre Pferde und daneben ein anderes, in dem zwei junge Löwen – gut zwei Jahre alt – im Schatten eines Baumes liegen, vom Lehmboden kaum zu unterscheiden.

Vor kurzem haben die beiden Löwen einen Gemsbock (Oryxantilope) gefressen, so schwer, daß sechs Männer ihn vom Lastwagen in das Gehege heben mußten. Die Löwen zogen ihn weg wie ein Spielzeug. In fünf Tagen werden sie neue Nahrung brauchen, einen Springbock zum Beispiel – aber jeder einen! –, den Sonja und ihre Mitarbeiter schießen müssen.

Sonja bittet uns in ihre Wohnung und entschuldigt sich für die Unordnung, aber sie sei so selten hier. Der weiße Wellensittich freut sich, nicht mehr allein zu sein, und redet, was er kann. Da es heiß und die Luft wie immer sehr trocken ist, schlage ich vor, in dem kleinen Camp-Restaurant noch eine Cola zu trinken.
Wir sitzen in einer kühlen Ecke, der Ventilator funktioniert, und ich frage Sonja, ob sie Lust zu einem kurzen Interview hat.
„Warum nicht?"

*S*onja, Sie haben einen sehr ungewöhnlichen Beruf. Und Sie sind *die einzige Frau hier. Ist das nicht schwierig?*

Zu Anfang war es das. Die Männer trauten mir nichts zu, bis sie sahen, daß es ging. Ich tat einfach meine Arbeit. Mit meinen sechs Mitarbeitern, die alle Buschmänner sind, gab es keine Probleme. Ich war von Anfang an ihre Schülerin und immer mit ihnen unterwegs. Von ihnen habe ich gelernt, wie man sich in der Steppe verhält, wie man Tierspuren liest, welches die Gewohnheiten der Tiere sind und ähnliches. Ich bin jetzt ein Jahr hier.

Wie sieht Ihre Arbeit aus?

Ganz unterschiedlich. Gestern haben wir zum Beispiel ein neues Bohrloch eingebaut.
Wir müssen eine zusätzliche Wasserstelle für die Tiere schaffen. Jetzt – gegen Ende der Trockenzeit – wird das Wasser nämlich knapp. Die anderen Wasserlöcher müssen auch überprüft werden, wie hoch oder tief der Wasserpegel steht, welche Tiere zum Trinken gekommen sind und wieviele. Das erkennen wir an den Spuren. Wir sehen auch, ob Schuhabdrücke von Touristen da

sind, die aus den Autos ausgestiegen sind, obwohl es verboten ist. Und wir überprüfen alte Bohrlöcher, ob sie noch funktionieren. Wasser ist unser Problem. Wir verbrauchen zuviel. Der Wasserspiegel sinkt immer tiefer.

Und natürlich gehört zu meiner täglichen Arbeit das Patrouillieren zu Pferd oder im Auto. Ich muß sehen, ob es irgendwo Probleme gibt. Heute morgen habe ich übrigens an der Wasserstelle Okerfontein, einer natürlichen Quelle, Löwen gesehen, aber das war sehr früh. Und es gab dort wieder Fußabdrücke von Touristen. Sie verlassen die Autos, um zu fotografieren. Wahrscheinlich denken sie, afrikanische Löwen beißen nicht. Ich fordere sie – wenn ich sie erwische – natürlich auf, sofort in ihre Autos zu steigen. Meistens parieren sie. Die Uniform hilft ein bißchen, aber von einer Frau läßt man sich nicht gern etwas sagen . . .

Manchmal sehe ich in Fernsehfilmen, wie Tiere betäubt und in andere Gebiete abtransportiert werden. Gehört so etwas auch zu Ihrer Arbeit?

O ja, durchaus. Wir fangen Tiere und bringen sie zu einer Wild-Auktion nach Windhoek, wo Farmer sie für ihre Jagdfarmen kaufen. Natürlich fangen wir nur Tiere, die alt sind oder von denen es zu viele gibt. Das wird streng kontrolliert. Vom Hubschrauber aus wird „gedartet", d. h. es werden Betäubungsspritzen geschossen. Nach einer Weile können die Tiere dann auf Lastwagen geladen werden. Kürzlich wollte sich ein Elefant das Darten partout nicht gefallen lassen. Er stand auf, kippte das Auto kurzerhand um und besah sich sehr interessiert die Unterseite und ihre Konstruktion. Der amerikanische Forscher wollte eigentlich eine Blutuntersuchung beim Elefanten durchführen – aber jetzt hatte er erst mal mit seinem eigenen Blutdruck zu tun. Manche Tiere werden auch an Reservate verkauft.

Weshalb haben Sie diesen Beruf gewählt? Er ist anstrengend, gefährlich – und wahrscheinlich nicht besonders gut bezahlt.

Stimmt. Aber ich würde es immer wieder tun. Ich hasse es nämlich, im Büro zu sitzen. Hier draußen in der Natur habe ich ganz viel Spielraum, kann meine Phantasie und Kreativität einsetzen. Natürlich haben wir einen Plan, was an Arbeit getan werden muß. Aber wie und wann ich es mache, das kann ich selbst entscheiden.

Und schließlich ist es mir wichtig, daß diese wunderbare Natur und Landschaft erhalten bleiben. Außerdem kann ein Mensch von der Natur sehr viel lernen, etwa im Busch zu überleben. Und auch sich selbst lernt man besser kennen, spürt immer wieder die eigenen Grenzen. Man lernt, sich richtig einzuschätzen, und weiß dann, was man sich zutrauen kann und was nicht. Mein Beruf macht mir viel Spaß, aber er ist natürlich auch gefährlich . . . wenn man sich nicht richtig verhält.

Gab es eine Situation, in der Sie Angst hatten?

Ja, und das ist gar nicht lange her. Ich sollte einen Gemsbock schießen für unsere Löwen. Aber ich habe nicht gut getroffen, das Tier war nur angeschossen und rannte weg. Ein solches Tier muß verfolgt und dann getötet werden. Also lief ich ihm nach und suchte, ich fand es nicht und lief immer weiter. Mit einem Mal hatte ich die Orientierung verloren, und in meiner Angst fing ich an zu laufen – etwas, was man nie tun sollte, weil dann die Kräfte zu schnell verbraucht sind. Aber ich rannte, ich stolperte, verfing mich im Gestrüpp und fiel hin. Da war direkt vor mir ein großer Termitenhügel, etwa drei Meter hoch. Ich umklammerte ihn und kletterte hinauf, um herauszufinden, wo ich war. Da sah ich in der Ferne die Etoschapfanne und wußte, in welche Richtung ich gehen mußte. Ich hätte ja auch meine eigenen Spuren zurückgehen können, aber wer in Panik gerät, denkt an so etwas nicht. Es ist gut, den Busch zu respektieren und die Gefahren richtig einzuschätzen. Man darf keine Angst haben.

Und wenn ein Löwe kommt?

Stehenbleiben! Auf keinen Fall weglaufen, denn dann läuft der Löwe hinterher – und der ist schneller! Stehenbleiben und den Löwen erschrecken.

Wie erschreckt man einen Löwen?

Mit Gebrüll und großen Armbewegungen. Das funktioniert nicht immer, aber manchmal! Oder – was auch hilft: etwas nach ihm werfen: Steine, Stöcke, was gerade zu greifen ist. Mit Löwen passieren natürlich immer die aufregendsten Geschichten. Ich erinnere mich, daß für ein bestimmtes Forschungsprojekt Löwen angelockt und betäubt werden sollten, um dann eine Spezialuntersuchung an ihnen durchzuführen.

Und wie haben Sie die Löwen angelockt?

Da haben wir uns etwas ganz Schlaues ausgedacht. Wir haben die Geräusche von Löwen aufgenommen, und zwar das Gebrüll, das sie beim Fressen machen.
Dann haben wir eine teure Stereoanlage in den Busch gestellt, die diese Geräusche wiedergab – es war ein kleines Gerät, gut versteckt. An einen Baum in der Nähe haben wir dann einen aufgeschlitzten Springbock gehängt. Die Löwen kamen, aber sie haben nicht den Springbock mitgenommen, sondern unsere Anlage. Später sind wir ihnen gefolgt und haben die Geräte im Busch wiedergefunden – sie waren von Hyänen angefressen, deren Zähnen ja nichts standhält.

Was tun Sie in Ihrer Freizeit?

Mein Hobby ist Reiten. Aber meistens fahre ich im Busch herum. Natürlich muß ich auch mal zum Einkaufen in die „Stadt" – nach Tsumeb, 110 Kilometer entfernt. Aber wenn alles erledigt ist, komme ich zurück. Was soll ich da? Es gibt nicht mal ein Kino!

Am Anfang fehlten mir hier die Freunde, inzwischen habe ich mich daran gewöhnt. Ich fahre in den Ferien immer nach Windhoek, da treffe ich sie alle und meine Familie natürlich auch. Demnächst soll ich hier ein Telefon bekommen, dann kann ich noch besser Kontakt halten. Den Fernseher, den meine Eltern mir schenkten, brauche ich gar nicht. Er funktioniert auch nicht, ich müßte erst eine Antenne installieren. Aber da ist es schon wichtiger, daß ich erst mal neue Stoßdämpfer in mein Auto einbaue, bei den Straßen . . .

Und wenn Sie mal einen Arzt brauchen?

Dann fahre ich nach Tsumeb. Schwerkranke holt ein Ambulanzwagen. Neulich brauchte ich eine Spritze – gegen Tollwut. Wir wußten, es gab einen tollwütigen Schakal hier. Dann sah ich ihn eines Tages vom Auto aus. Aber ich hatte kein Gewehr, nur eine Pistole bei mir. Also stieg ich aus und ließ ihn kommen. Er kam näher, aber irgendwie war ich blockiert zu schießen. Erst als er einen Meter vor mir stand, drückte ich ab. Ich durfte ja auf keinen Fall sein Gehirn verletzen, das tiermedizinisch untersucht werden sollte, also schoß ich in seinen Hinterlauf. Aber als ich ihn dann auf die Ladefläche hob, beschmierte ich mich doch mit Blut, so daß ich schnell eine Spritze brauchte.

Und falls den vielen Touristen hier etwas passiert? Leisten Sie erste Hilfe?

Nein, das dürfen wir nicht. Es hat schon viele juristische Probleme gegeben. Die Leute beklagen sich, wir hätten etwas falsch gemacht, es gibt Anklagen, und Kosten kommen auf uns zu.

Ebenso geht es bei Autopannen. Wir rühren die Autos nicht an, sondern rufen den Abschleppdienst, der die Autos in die Werkstatt bringt. Oder: Wenn Tiere krank sind – bei Milzbrand zum Beispiel – greifen wir auch nicht ein; diese natürliche Ausdünnung ist nötig, so grausam das klingt. Wir greifen überhaupt wenig ein: Wir schützen die Tiere vor den Menschen und natürlich auch Menschen, die leichtsinnig sind, vor den Tieren. Wir hegen und pflegen die Natur – das ist unser Beruf, und dafür lohnt sich die Arbeit. Ich wüßte nicht, was ich lieber täte! Und offenbar hat Gott diese Aufgabe dem Menschen ja auch zugedacht. Kürzlich habe ich mal wieder in der Bibel gelesen, da steht doch gleich am Anfang, daß wir Gottes Garten bebauen und bewahren sollen, aber daß wir uns die Erde auch untertan machen dürfen. Genau so ist es.

Vielen Dank, Sonja! Das war für einen Großstadtmenschen wie mich sehr interessant.

Nichts zu danken! Hat mir Spaß gemacht! Also dann: Gute Pad! Und fahrt nochmal zum Wasserloch „Klein Namutoni", da sollen jetzt viele Zebras sein, vielleicht auch Giraffen!

Traugott Giesen

Berausch dich am richtigen Leben

Foto: Walter Neusch

Traugott Giesen wurde 1940 als erstes von drei Kindern in Bonn
geboren. Sein Vater, Heinrich Giesen, hat den Kirchentag mitgeprägt
und war später Direktor der Berliner Stadtmission. Von 1966–1976
war Traugott Giesen Pastor in Berlin-Neukölln, seit 1976 ist er an der
St. Severin Kirche in Keitum/Sylt: „Mit fröhlichem Wechselbad
von Einheimischen und Gästen." Im Radius-Verlag sind von ihm
mehrere Bücher erschienen.
Die Kolumnen, die er während der letzten neun Jahre für die Hamburger Morgenpost schrieb, sind in vier Büchern gesammelt. Das
neueste heißt: „Leben ist Lieben". Traugott Giesen ist Mitglied der
Nordelbischen Synode. Er ist verheiratet und hat zwei Töchter.

Sylt – salzige Luft, Wind, weiter Himmel. Mit dem Bus fahre ich von Westerland nach Keitum. Ich freue mich auf das Gespräch mit Traugott Giesen: Dorfpastor und Morgenpost-Kolumnist. Unser Thema: Was macht Sinn? Wofür lohnt es sich zu leben? Wofür lohnt sich das Schreiben und Arbeiten?
Um das alte Pastorat in Keitum stehen große Ulmen und Eschen. Proestwai 20 – eine Adresse, die es nur in Nordfriesland gibt. Wir gehen in sein Arbeitszimmer. Vor uns auf dem niedrigen Tisch große bunte Kaffeebecher. Es ist gerade zwei Uhr. Nachmittags soll eine Trauung in der Kirche stattfinden, aber jetzt nimmt Traugott Giesen sich Zeit für ein Gespräch.

*H*err Giesen, in einer Ihrer Kolumnen der Hamburger Morgenpost raten Sie dem Leser: Berausch dich am richtigen Leben! Wie sieht das aus?

Also, ich lebe gern. Ich lebe gern, wenn ich Antworten bekomme, wenn ich Augen sehe, wenn ich Kinder spielen sehe, wenn Greise noch Skat spielen oder eine Reise planen, meinetwegen auch schimpfen – immer, wenn etwas lebendig ist, sich bewegt, neu Gestalt gewinnt. Und vor allem natürlich: sich verlieben – einen Augenblick lang oder lebenslänglich. Ich hoffe, ich habe mich lebenslänglich verliebt – in meine Frau. Aber auch die anderen Berührungen und Empfindungen für andere Menschen sind mir wichtig.

Sie sagen: Lern dich neu zu lieben! Wie macht man das?

Sich neu lieben – das geht am leichtesten, wenn ich neue Menschen kennenlerne, die mich neu lieben. Übrigens ist das ja auch der Reiz des Reisens: daß man auf Menschen trifft, die einen noch nicht kennen, auf die man also neu zugehen kann und ein Echo kriegt. Aber natürlich kann man nicht ständig auswandern, um das Leben neu zu beginnen.

Was auch hilft, ist: eine Unterbrechung der Reflexe, der automatischen Reaktionen, der gewohnten Abläufe. Daß ich einen Augenblick innehalte und nachdenke: Was ist denn los? Warum reizt mich dieser Mensch bis auf's Blut, wenn ich ihn nur sehe? Warum kommt mir sofort die Galle hoch? Das habe ich doch längst durchstanden und durchdiskutiert. Solch eine Unterbrechung der Reflexe ist für mich wichtig.

Ein ähnlicher Vorschlag heißt bei Ihnen: Tu was für deine Seele! Was tun Sie selbst für Ihre Seele?

Also: Nächste Woche fahre ich mit meiner Frau nach Taizé. Taizé ist ja eine Art meditatives Kloster, wo man in Zelten wohnt – oder in meinem Alter schon etwas komfortabler. Aber: meditativ mit sich selbst umgehen – das tut gut. Es kann auch ganz woanders sein, wenn man nur einen Rhythmus findet jenseits des Alltags.

Darum kommen die Menschen ja nach Sylt. Wenn sie am Meer entlanggehen, dann spüren sie wieder ihr Inneres, weil sie gelöster sind. Natürlich gibt es Menschen, die auch noch bei einem Strandspaziergang ihr Handy mitnehmen, weil sie sich für so wichtig halten. Wer ist denn hier Herr, und wer ist Knecht? Ist dieser Mensch so sehr Sklave, daß er sich ständig bei seinen Herrschaften melden muß?

Also, was kann man für die eigene Seele tun? Sich Nahrung holen! Für mich heißt das: Wörter, Sprache, Dichtung – daß man sich in andere Menschen hineinversetzt, sie begleitet. Einige wunderschöne Bücher sind zum Beispiel: „Joseph und seine Brüder" und „Felix Krull" von Thomas Mann. Oder: „Mein Herz so weiß" von Javier Marias. Oder: „Der Mann ohne Eigenschaften" von Robert Musil, ein Lebensbuch.

Herr Giesen, was Sie in der Morgenpost schreiben, wird in der U-Bahn gelesen und sicher auch verstanden.
Wie macht man das?

Ich muß erst noch etwas zur Seele sagen! Wir sprachen ja von Literatur. Unbedingt wichtig ist, die Bibel wieder zu entdecken. Es gibt nur einen einzigen Grund, weshalb ich traurig bin, schon Christ zu sein: Ich kann die Bibel nicht zum ersten Mal lesen. Dieses Lese-Erlebnis: Bibel! Da sind ja unglaubliche Bilder und Worte für unsere Seele ganz neu erfunden!
Sie fragen, ob man lernen kann, „dem Volk auf's Maul zu schauen" (Martin Luther)? Na ja . . . es macht mir eben Spaß, verstanden zu werden. Diese Kolumnen darf ich seit neun Jahren schreiben. Es fordert Disziplin. Leichter ist es, die Dinge lang und kompliziert zu sagen mit allen „Wenn" und „Aber". Bei kurzen Texten gilt: „Entweder-Oder". Das ist auch gefährlich. Aber was ich nicht auf Kolumnenlänge sagen kann (660 Silben, 440 Wörter), da sollte ich überhaupt schweigen.

Wie reagieren die LeserInnen auf Ihre Kolumnen?

Es gibt nicht mehr so viele Leserbriefe wie in den ersten Jahren. Man hat sich daran gewöhnt. Ich müßte vielleicht mehr heiße Eisen anfassen. Aber ich bin kein Mensch, der sehr kontrovers diskutiert, ich bin eher harmoniebedürftig, milde. Ich dämpfe, gebe zu verstehen, helfe lieber zur Versöhnung als zur Konfrontation. Das bringt dann nicht so viele Leserbriefe.

Gibt es auch mal Kritik?

Ja . . . etwa bei der Reemtsma-Entführung. Da hab ich ihm das Wort: „Der Herr ist mein Hirte . . . Und ob ich schon wanderte im finsteren Tal . . ." (Psalm 23) in den Mund geschoben – und nachher hat er gesagt, er sei dezidierter Atheist. Ein Leser fand meine Worte darum voreilig. Aber ich bleibe dabei. Eine solche Situation hält man nicht aus ohne die Hoffnung: „Immer, wenn du denkst, es geht nicht mehr, kommt von irgendwo ein Lichtlein her." Sonst wäre er schon ertrunken – in vier Wochen Dunkelhaft. Ob er nun die Worte: „Der Herr ist mein Hirte . . ." sagt oder etwas anderes . . . Der Mensch ist unheilbar religiös.

Morgen erscheint Ihre Kolumne zum Erntedankfest. Gott für unser Leben zu danken, ist Ihnen wichtig.

Ja. Danken ist vielleicht angemessener als Bitten. Staunend wahrnehmen, daß ich noch lebe. Denken und Danken gehören zusammen. Wer lange nachdenkt, muß dankbar werden für alles, was an Glück und Gutem gelingt. Es geht doch gar nicht anders. Du kannst dich doch nicht vor den Spiegel stellen, dir auf die Schulter klopfen und sagen: „Alle Achtung!" Was gelingt, ist Gnade. Deine Gesundheit, deine Wachheit, dein Fleiß – das alles ist Begabung. Da steckt doch das Wort „Gabe" drin wie der Kern in der Kirsche. Die richtige Adresse für Dank ist Gott – du kannst es drehen und wenden, wie du willst. Alle anderen Adressen greifen zu kurz. Die frischen Brötchen, die Renten, das passable Auto, das wirksame Medikament. Bei wem sonst sollen wir uns bedanken? Doch bei Gott!

In Ihren Texten setzen Sie voraus, daß Menschen fähig sind, etwas von Gott wahrzunehmen. Aber viele behaupten doch, keinen Draht zum lieben Gott zu haben. Was sagen Sie solchen Menschen?

Denen sag ich: Dir geht's zu gut! Wenn du dir erst mal ein Bein gebrochen hast, wirst du dankbar sein, daß dein anderes noch heil ist und du wieder auf die Beine kommst. Ob wir es wissen oder nicht: Gott ist die letzte Adresse für Dank und Klage. Jeder Mensch sagt doch: Warum passiert das ausgerechnet mir? Wen fragt er denn da? Doch Gott! Oder: Eine Familie setzt unter eine

Geburtsanzeige in der Zeitung den Satz: „Wir danken auch dem Team der Klinik". Da merkt man genau: Da müßte eigentlich noch etwas anderes stehen. Ob sie das nicht mehr wissen oder nicht mehr wagen auszusprechen? Hier denke ich: „Den Friesen braucht man Gott nicht ins Haus zu bringen, er sitzt schon bei ihnen am Tisch." Kein liturgisch geprägter Gott, man redet auch nicht über ihn, das wäre peinlich, aber Gott ist da ... wie Marie Luise Kaschnitz es sagt: „Er manifestiert sich beständig."

Und wieviel Gott ist ausgewandert in die Schlager: „All you need is love ..." Aber es ist heute eine Religion ohne Kirche. Man weiß nicht mehr viel von der Quelle und darum auch nicht viel von der Bibel. An den Rändern des Lebens – Geburt oder Tod – oder bei Höhepunkten und Wendepunkten – Hochzeit, Weihnachten, Konfirmation – da ist Gott noch wichtig, und das muß mit Hingabe wahrgenommen werden.

Wie können Menschen Gottes Stimme in ihrem Leben hören?

Gottes Frage ist die Situation; und wie du die Situation bestehst, ist deine Antwort. Wir leben antwortmäßig, verantwortlich. Auch wenn uns das Wort Gott nicht mehr einfällt, müssen wir unser Leben irgendwie bestehen und dann abgeben. Wir haben Angst, es zu verpfuschen, und möchten unseren Arbeitsplatz sauber hinterlassen. Menschen schuften sich ab, schinden sich, wollen Ehre haben – und das doch alles, weil sie verantwortlich leben müssen. Aber sie können sich die Zusage „Du taugst was!" nicht selbst geben, sondern müssen bestätigt werden. Und die stärkste Bestätigung, die es gibt, ist: Du bist nicht aus Zufall geboren. Du bist gewollt vom Geheimnis der Welt. Wäre ich nur ein Stück Biologie, dann könnte ich machen, was ich will – solange ich nicht erwischt werde. Aber die Zusage „Gott liebt dich, und Gott braucht dich" ist ein solches Kraftfeld, in dem man aufblühen kann, wenn man's nur glaubt ... Also, ich kann gar nicht verstehen, daß manche Menschen das nicht glauben wollen.

Vielleicht, weil sie von Kindheit an zuwenig Liebe erfahren haben!

Nein. Das glaube ich nicht. Ich war ja viele Jahre Gemeindepastor in Berlin-Neukölln, bevor ich nach Sylt kam. Da hatte ich ein Waisenheim schräg gegenüber. Diese schwierigen Kinder kamen in meinen Konfirmandenunterricht, Kinder, die irgendwo hinterm Busch abgelegt worden waren. Und was hatten die für eine Sehnsucht, selbst mal Kinder großzuziehen. Und wie wichtig war es ihnen, ein Papier in der Hand zu halten mit ihrem Namen und dem Konfirmationsspruch. Gerade wenn es einem schlecht geht, sehnt man sich danach, es besser zu machen, zu lieben und geliebt zu werden.

Gab es in letzter Zeit etwas, worüber Sie sich gefreut haben?

Ja. Zwanzig Jahre Keitum! Die Gemeinde hat mir ein tolles Fest bereitet. Alle kamen: Chor, Propst, Bürgermeister. Zwei Apfelbäumchen haben sie für meine Frau und mich gepflanzt. Rotwein und Käse gab es hier im Saal – es war ein Fest mal mit den Einheimischen. Den Kurgästen habe ich gesagt: „Heute will ich mit denen feiern, mit denen ich alt werde, wenn ich darf." Das hat den Keitumern gefallen, die mich ja sonst gern mit den Gästen teilen.
Aber Mühe ist bei allem, Unruhe zumindest: Wieviele Menschen kommen und gehen! Heute morgen zum Beispiel: Einer kam und sagte: „Meine Frau steht schon in der Kirche, meine Freunde auch, wir wollen kirchlich heiraten! Ich weiß, Sie können uns nicht verheiraten, aber geben Sie uns wenigstens den Segen!"

Und? Was haben Sie getan?

Ich bin mit zur Kirche gegangen. Sie hatten schon die Stühle vor dem Altar aufgebaut, die Brautstühle auch. Da habe ich gesagt: „Erst mal wieder abbauen, die Stühle an die Wand!" Sie sollten nicht das Gefühl haben: Das ist eine Hochzeit! Und dann habe ich über Freundschaft und Nächstenliebe und Verstehen geredet – und darüber, wie kompliziert das Leben sein kann. Schließlich habe ich auch für dieses Paar gebetet. Das Wort „Ehe" habe ich nicht benutzt. Aber ich habe sie gesegnet: „Gott segne und behüte euch auf dem Weg, daß Liebe und Frieden bei euch bleiben und eine gute Ordnung wird." Natürlich bin ich ihnen auch etwas schuldig geblieben, das weiß ich. Sie waren so begeistert, und ich meinte, sie dämpfen zu müssen. Mir schien, sie hatten vieles Hals über Kopf irgendwo liegengelassen. Ach ja, ich muß enttäuschen – leider, oft.

Es sind immer viele aufgeschlossene Gäste hier mit großen Erwartungen. Menschen, die *jetzt* Kirche brauchen: eine Andacht, ein Gebet, eine Aussprache – das kann ich manchmal nicht erfüllen. Und wenn sonntags 500 Leute in der Kirche sitzen, dann sind mindest 50 darunter, die ein Gespräch brauchten, die auch kämen, wenn man sich anböte. Wenn man sich aber entzieht, kommen nur drei.

Sie sind außerdem Synodaler. Die Nordelbische Synode hat sich gerade mit dem Thema: „Die Zukunft der Kirche" befaßt. Haben Sie eine Vision – oder Wünsche –, wie Kirche in Zukunft sein sollte?

Nein. Natürlich müßten viel mehr Ehrenamtliche wieder zu Ehren kommen, und viel mehr Menschen müssen sich wieder einbringen in die Gemeinde. Wer schmückt denn die Kirche zum Erntedankfest? Das macht bei uns der Kirchwart, der holt das Obst – vom Großhandel . . . Das geht doch nicht! Dann sollte es eben nur Weintrauben und Brot geben – als Symbol. Wer mehr will, muß seine Bohnen selbst in die Kirche tragen. Das zu organisieren, kostet jedoch viel Zeit.

Aber ich habe eine ganz große Zuversicht, daß Kirche weitergeht. Die Substanz der Kirche: Bibel, Vertrauen, Glaube, Liebe, Hoffnung – der Hunger danach ist unerschöpflich. Seelsorge,

Predigt, Beratung werden immer stärker die Schwerpunkte sein. Man braucht sich ja nur auf eine Parkbank zu setzen und ein Schild umzuhängen: „Ich höre Ihnen zu!" Da steht dann einer hinter dem andern . . . und dafür muß man nicht Giesen heißen. Man sieht ja, was für eine Attraktion die Nichtseßhaften sind für ganz normale Jugendliche: Die haben Zeit, da kann man klönen, da ist Lebenserfahrung greifbar.

Haben Sie in dem Zerriebenwerden durch all die Beanspruchungen noch eine Antwort auf die Frage, wofür es sich zu leben lohnt, oder ist Ihnen das zerronnen?

Das Geheimnis meines Lebens – das Geheimnis des Lebens überhaupt – ist: Man nimmt und gibt. Man nimmt und gibt. Und das Schönste ist, beim Nehmen zu geben und beim Geben zu nehmen. Ich fühle mich ganz selten ausgenommen und ausgenutzt. Höchstens bei Konfirmanden, die mich auf eine ganz andere Weise nutzen: nämlich als Autorität, an der sie sich profilieren wollen. Aber dazu habe ich manchmal keine Lust mehr.

Wofür das Ganze? Gute Frage! Wofür leben? Ich brauche dazu nur aus dem Fenster zu sehen: da weht die Friesenfahne, auf der steht: Rüm Hart – klar Kimming. Das heißt: Festes Herz – Weiter Horizont. Ich erhoffe schon Himmel und Paradies und Fülle. Mozart treffen. Auch mit Maria Magdalena tanzen, ihr nochmal danken, daß wenigstens sie Jesus geliebt hat – von der Haut bis in die Seele. Diese wunderbare Erzählung aus Lukas 7, wo Jesus den Simon fragt: „Wer hat mich mehr geliebt: sie oder du? Du hast mir doch nicht die Füße gewaschen und mit deinem Haar abgetrocknet." Sie liebt mehr. Warum? Ihr ist mehr vergeben. Wem viel vergeben wird, der liebt viel! Aber schon die ersten Christen haben diesen kühnen Gedanken nicht ertragen.

Was ist Ihnen zur Zeit wichtig?

Ich bin jetzt sechsundfünfzig, da ist es spannend, was man läßt und was man noch anfaßt. Ob man sich schon vornimmt, still zuende zu gehen – das Niveau zu halten, ist ja schon strapaziös – geschweige denn, etwas Neues anzufangen.
Was ist wichtig? Ein großes Problem ist die Gedankenlosigkeit der Menschen: Ich gehe mit meiner Frau auf der Straße, und die Leute grüßen: „Guten Tag, Herr Pastor!" Das ist doch lieblos! Mir ist wichtig, daß es dem Menschen an meiner Seite gut geht.
In diesem Sommer habe ich Chartres gesehen, unermeßlich schön! In Rom noch einmal zu sein, wünsch ich mir, und Florenz zu sehen . . . dort eine Woche zu wohnen. Aber wenn ich Urlaub habe, dann brauche ich nur noch Ruhe! Dafür habe ich mir vorgenommen: Wenn wir im Alter hier wohnen bleiben, dann möcht' ich gern alle sechs Wochen mal in eine Stadt fahren: Berlin, Hamburg . . . Nach Kassel haben sie mich jetzt eingeladen, da soll ich etwas über Ethik sagen. Ich würde gern ein Buch dazu schreiben, den Titel hab ich schon: „Richtig leben". Aber eigentlich kann ich nur Kolumnen und Predigten schreiben – keine Bücher – ich brauche es, angesprochen und gefragt zu werden.

Das Vergnügen hatten Sie gerade. Vielen Dank für Ihre Zeit! Für alle Antworten. Jetzt müssen Sie zur Trauung, und wenn Sie mal nach Hamburg kommen, trinken Sie bei uns eine Tasse Tee!

Das tue ich gern. Aber ich gehe selten von der Insel, nur zum Urlaub.

Maria Jepsen

Mit der Leichtigkeit der Engel

Foto: Boris Rostami-Rabet

Maria Jepsen wurde 1945 in Bad Segeberg geboren. Sie ist verheiratet. Nach dem Studium der Theologie in Tübingen, Marburg und Kiel und der Vikariatszeit in Hamburg lebte sie 18 Jahre an der schleswig-holsteinischen Westküste als Gemeindepastorin. 1991 wurde sie Pröpstin des Kirchenkreises Harburg, und seit August 1992 ist sie Bischöfin für Hamburg in der Nordelbischen Evangelisch-Lutherischen Kirche. Sie ist Mitglied der Synode der Evangelischen Kirche in Deutschland (EKD), Vorsitzende des Evangelischen Missionswerkes in Deutschland e.V. (EMW) und Delegierte der EKD bei der Arbeitsgemeinschaft Christlicher Kirchen in Deutschland e.V. (ACK). Die missionarische Herausforderung der Kirche in einer säkularen Großstadt sowie feministische und sozialethische Fragen und die interreligiöse Gemeinschaft sind Themenbereiche, die ihr als Theologin und Bischöfin von großer Bedeutung sind.

Ganz nah am Stadtzentrum – Neue Burg 1 – liegt die Bischofs-
kanzlei. Es ist Juli. Ein warmer Tag. Mittagszeit. Die Bischöfin hat
diesen Termin für unser Gespräch freigehalten. Zusammen mit
ihrem Pressesprecher sitzen wir an einem großen runden Tisch. Es
gibt einen schwarzen Kaffee. Die Stühle mit ihrem violetten Bezug
passen in diesen Raum. Sonst nichts als ein heller Schreibtisch mit
Büchern, Papieren und Blumen. Eine freundliche, ruhige Atmosphä-
re. Hamburg hat Sommerferien. So beginnen wir – ohne vom nach-
folgenden Termin gejagt zu sein – unser Gespräch.

*F*rau Jepsen, wie sieht der ganz normale Arbeitstag einer Bischöfin*
aus?

Den ganz normalen Tag gibt es gar nicht. Jeder Tag sieht anders
aus. Und das ist das Schöne an meiner Arbeit, sie ist sehr vielfäl-
tig: Da sind Zusammenkünfte, Begegnungen, Besuche in
Gemeinden, Sitzungen natürlich und meine Arbeit am Schreibtisch. Regelmäßig ist vielleicht, daß ich morgens ab halb acht am
Schreibtisch sitze und da in Ruhe ein bis zwei Stunden arbeiten
kann. Dann gehe ich entweder in die Kanzlei oder zu irgendwel-
chen Gruppen – in Hamburg oder außerhalb –, wo es um Fragen,
Probleme, Konflikte geht, die, wenn möglich, gelöst werden sollen. Außerdem gibt es Seminare und Tagungen. Das Normalste –
vom Ablauf her – ist eigentlich der Sonntag: Da habe ich fast
immer um zehn Uhr einen Gottesdienst. Sonst geht mein Tag
von halb acht Uhr morgens bis zehn Uhr abends, nur manchmal
ist etwas eher Schluß. Aber ich habe keinen Streß!

Wie schaffen Sie das?

Ich führe meinen Terminkalender selbst und achte darauf, daß – zum Beispiel – nach zwei schwierigen Gesprächen erst mal ein leichteres kommt. Oder daß da eine kleine Pause ist. Dieser Abstand ist wichtig, sonst funktioniere ich nur noch. Ich möchte aber präsent sein – nicht nur körperlich, sondern auch innerlich. Und ich achte auch darauf, daß ich mir im Kalender Zeiträume freihalte für unvorhergesehene wichtige Termine, Notfälle sozusagen. Und auch für mich selbst, um einmal etwas ganz anderes zu lesen oder zu schreiben.

Manchmal bin ich auch so müde, daß ich in solch freien Zeiten einfach einen Spaziergang mache, um mich zu regenerieren. Die Seele muß mitkommen, sonst gibt es zuviel Frust bei der Arbeit. Ich sage mir nämlich: Ich weiß ja gar nicht, ob ich morgen noch lebe. Und ich möchte dann nicht sagen: Du hast alles nur zugebaut und zugemauert mit Sitzungen, die vielleicht gar nicht so wichtig sind. Ich möchte sagen können: Es war gut! Auch der letzte Tag war gut – trotz allem.

Das Leben ist ein so kostbares Geschenk – ich möchte es auch genießen. Nicht unbedingt egoistisch für mich allein, sondern mit andern für andere. Ich möchte einmal sagen können: Ich habe etwas gestaltet und etwas bewegt . . . nicht aus meiner Tüchtigkeit heraus, sondern weil die Situation günstig war. Mein höchstes Glück, mein „größter Erfolg" ist, anderen Menschen Anstöße und Hilfe gegeben zu haben, so daß etwas auf den Weg kommt. Natürlich gibt es auch Mißerfolge und Scheitern. Damit muß ich leben, und das ist manchmal schwer. Ich muß dann vor mir selbst eingestehen: Ich konnte da nicht anders. Ich habe das Beste versucht, aber da ist die „alte Eva" mit mir durchgegangen.

Was macht Ihnen am meisten Freude bei der Arbeit?

Wenn ich Menschen ermutigen kann, so daß sie neue Perspektiven gewinnen. Oder in Sitzungen . . . wenn es nicht nur um Strukturen – so wichtig sie sind – geht, sondern um Inhalte. Es ist wichtig, Visionen und Träume zu haben und zu überlegen: Wo und wie können sie Wirklichkeit werden? Es ist schön, wenn dann die Leichtigkeit der Engel mit hineinkommt, nicht nur die Erdhaftigkeit von uns Menschen.

Und wie sehen Ihre Träume für die Kirche aus?

Ich möchte helfen, die negative Hierarchie abzubauen, damit wir gemeinschaftlich Kirche gestalten können. Die Institution Kirche ist nicht wichtig, das Evangelium ist wichtig. Aber die Institution ist der Rahmen, der hilft, das Evangelium weiterzugeben. Darum ist er nötig.
Ich möchte in unserer Kirche verstärkt die Lust wecken, sich mit biblischen Texten auseinanderzusetzen und mit diesen Geschichten zu leben. Ich habe davon etwas erlebt bei den Dekade-Gottesdiensten, als Gruppen sich mit biblischen Frauengestalten beschäftigten, sie hineinnahmen in ihren Alltag: die Heilung der gekrümmten Frau zum Beispiel. Und dann zu fragen: Was bedeutet die Aufrichtung dieser in sich verkrümmten Frau für unsere Diakonie, für die ganz normale Gemeinde?
Von diesen biblischen Gestalten her muß Kirche sich immer wieder korrigieren lassen. Darum ist es schlimm, wenn Menschen sagen: „Ach, mit der Bibel haben wir uns früher beschäftigt . . . aber heute? Da ist doch was anderes dran." Dabei sind die Geschichten der Bibel doch Befreiungsgeschichten – persönlich, familiär, in gemeindlicher und gesellschaftlicher Hinsicht!

Es gibt vieles, was Ihnen Freude macht. Gibt es auch etwas, worunter Sie leiden? Was ist schwer in Ihrem Amt als Bischöfin?

Schwer ist es, wenn eine Kritik kommt, die meine eigene Glaubwürdigkeit in Frage stellt, wenn es also ganz ins Persönliche geht. Und wenn mir da Dinge unterstellt werden. Es lief damals so, als wir ein Haus suchten, das auch Raum bieten sollte für dienstliche

Zwecke. Da wurde dann aus einem Reihen-Bungalow in der Presse eine „Millionenvilla" gemacht – und es hieß: „Sie predigt Wasser und trinkt Wein!" Das war hart, weil ich den Eindruck hatte: Man nimmt mir nicht ab, was ich von der Kanzel sage. Ich war damals fast zum Rücktritt bereit . . . Andere, sachliche Kritik kann ich vertragen. Es ist besser, wenn Dinge ausgesprochen werden, als sie zu verschweigen.

Etwas anderes, worunter ich leide, ist: Ich will es allen recht machen. Keiner soll vor den Kopf gestoßen werden. Ich bin von meinem Amt her ja auch verpflichtet, zu sammeln, zu hüten, nicht zu zerstreuen und zerstören. Und doch muß ich Farbe bekennen, Parteilichkeit üben, Parteilichkeit des Evangeliums. Es kann nicht nach menschlichen oder politischen Kriterien gehen. Und da bin ich manchmal unsicher und frage mich: Bist du hier dem Evangelium gerecht geworden? Dieser Zwiespalt ist da. Zum Beispiel, wenn ich bei Gewerkschaften gesprochen habe und Menschen hinterher verunsichert sind und sogar aus der Kirche austreten. Ich spreche dann mit solchen Menschen oder schreibe ihnen und schildere ihnen meine Position, aber manchmal stößt man auf Mauern. Das ist schmerzlich. Ich frage mich dann: Wird hier das Evangelium zurückgewiesen, oder liegt es an mir, daß Menschen so reagieren? Das sind Fragen, die können einen auch nachts bedrängen. Was mir hilft, ist dann, daß mindestens die Hälfte der Briefe mich in meiner Position unterstützen. Das richtet mich ein Stück wieder auf. Wir brauchen eben auch Streicheleinheiten – bei den vielen Konflikten, die es gibt. Und die hole ich mir dann bei bestimmten Leuten oder Gruppen, die mir gewogen sind. Wenn es schwer ist und Angriffe kommen, nehme ich verstärkt Zuflucht zu biblischen Texten. Ich lese dann bewußt nicht meine Lieblingstexte, die mich vielleicht nur bestärken, sondern gehe von den Tagestexten aus, die eher ein kritisches Gegenüber sind. Und da merke ich, daß besonders die Psalmen in ihrer Komprimiertheit mir guttun . . . auch wenn sie mich in Frage stellen – aber sie haben am Ende die Heilszusage.

Welches sind denn Ihre Lieblingstexte?

Die Psalmen, ganz bestimmte Psalmen. Oder gewisse Frauengestalten der Bibel, die habe ich sehr lieben gelernt. Aber der
schönste Text ist für mich die Jakobsgeschichte. Ich habe eine
große Batik zu Hause hängen; die habe ich mir aus Israel mitge-
bracht: Es ist die Himmelsleiter, an der Engel auf und ab steigen.
Ihre Gesichter sind verblaßt, und so setze ich andere Gesichter
hinein, die rauf- und runtergehen . . . Und dann denke ich: So
schwer wie Jakob hast du's nicht! Der hatte einfach nichts mehr:
nur Wüste und einen Stein. Aber da, wo nichts ist, kommt etwas
in Bewegung. Jakob bringt alles über den Fluß: seine Frauen und
Kinder, Hab und Gut „und blieb allein zurück".
Als er dann allein ist, kommt der Kampf. Er ringt um den Segen
Gottes. Das sind Geschichten, wie es sie in keiner anderen Literatur oder Kunst gibt. Und weil ich selbst mit solchen Geschichten
lebe, möchte ich sie auch anderen Menschen bringen . . . innerhalb und außerhalb der Kirche. Wir dürfen diese Urbilder des
Glaubens nicht der Werbung überlassen, die ja Sehnsüchte weckt
und stillt, aber nicht über den Weg des Kreuzes, sondern über
den Konsum.
In der Bibel ist es anders: Die Menschen – ein ganzes Volk – gehen
durch die Wüste: Mose, Jakob, Jesus . . . Erst am Ende sind sie
glücklich. Sie haben gekämpft und geschwitzt und haben gewonnen – wie die Sportler bei der Olympiade. Es lohnt sich! Wir
werden an Grenzen geführt, und da gibt es neue Erfahrungen.

Und dafür lohnt es sich zu leben?

Ganz sicher. Und es ist wichtig, auch andere Menschen zu ermutigen, nicht aufzugeben. Wenn ein Arbeitsloser sagt: „Es ist egal,
ob ich im Bett bleibe oder aufstehe! Ich hab mich schon fünfzig-
mal beworben", dann möchte ich ihm sagen: „Gib dich selbst
trotzdem nicht auf. Du bist wer. Du kannst was. Laß den Kontakt

zu den Menschen um dich herum nicht abreißen, bleib freund-
lich". Wenn ich Aidskranken begegne oder alten Menschen im
Seniorenheim, dann möchte ich ihnen sagen: Es kommt nicht auf
Leistung und Erfolg und Dynamik an. Ihr seid wichtig, weil ihr da
seid. Es ist so hilfreich, wenn ihr die Hände faltet und für andere
Menschen betet.
Wir sehen oft nicht, welchen Nutzen unser Leben hat, aber Gott
weiß es. Vor ihm ist kein Leben umsonst. Den Leidenden und
Schwachen ist er besonders nah. Ich weiß ja nicht, wie ich selber
reagiere, wenn ich einmal krank und alt bin, aber ich hoffe, ich
reagiere so, wie ich glaube.

*Sie gehen zu Aidskranken, sprechen mit Prostituierten, haben Kon-
takt mit den Randgruppen unserer Gesellschaft – aber ebenso mit
den Bereichen: Kultur, Wirtschaft, Politik. Gehört das alles zu Ihrem
Amt?*

Kirche darf keine Berührungsängste haben. Ich fühle mich nicht
nur verantwortlich für das, was innerhalb der Kirche läuft, sondern
ich möchte die Kirche öffnen, so daß wir auch von den Themen
anderer profitieren und unsere Themen hineinbringen in andere
Bereiche. Wenn wir – zum Beispiel – im Rathaus über ein zukunfts-
fähiges Hamburg beraten und ich als Bischöfin da um einen Beitrag gebeten werde, dann kann ich meine Themen und meine
Erfahrungen einbringen. Solch eine Vernetzung ist wichtig.
Ich sehe es unter anderem als meine Aufgabe an, Menschen in
der Region ins Gespräch zu bringen darüber, was für unser Leben
wichtig und schön ist.
So gehe ich auch gern in Museen: Ich habe mich jetzt etwas
näher mit Malerei befaßt. Oder: Ich wurde gebeten, eine Ein-
führung zu Melanchthon, dem Reformator und Weggefährten
Luthers zu geben. Ich weiß gar nicht viel von ihm, aber ich freue
mich darauf, mich in dieses Thema einzuarbeiten.

Wie schaffen Sie das alles?

Ich habe ja meine Referenten und meinen Mann, der als Hausmann Freude daran hat, gezielt an bestimmten Themen zu arbeiten. Ich denke, Gespräche wie: Kirche – Kultur, Kirche – Politik, Kirche – Wirtschaft, Kirche – Soziale Gruppen helfen letztlich allen, die verantwortlich dafür sind, unsere Gesellschaft zu gestalten und die Welt lebensfähig für morgen zu erhalten. Deshalb ist eine Bischöfin manchmal sehr viel außerhalb kirchlicher Gruppen anzutreffen, dann wieder stärker innerhalb des kirchlichen Bereichs. Ich wünsche mir eben, daß wir die Kirche noch viel stärker öffnen, den Mut haben, volkstümlich zu sein, auf Volksfeste, Straßenfeste und ähnliche Veranstaltungen zu gehen, uns im Äußeren vielleicht anzupassen, aber unsere Inhalte deutlich zu benennen.

Ich bin kürzlich zu einer Gewerkschaftskundgebung gefahren. Ich wußte: Ich darf mich nicht durch irgendwelche Themen oder einen bestimmten Stil einengen lassen, sondern ich werde als Kirchenfrau sprechen; damit müssen sie rechnen, wenn sie mich einladen. Hinterher haben viele zu mir gesagt: „Vielen Dank für die Predigt!" Es war doch eine Chance, vor 350 000 Menschen eine Predigt zu halten!

So kann Kirche Sauerteig sein oder manchmal auch Sand im Getriebe. Das Evangelium ist so wichtig, wir können es nicht hinter Kirchenmauern zurückhalten. Viele Menschen haben mit Kirche überhaupt keine Erfahrung gemacht, sie fragen ganz neu. Ich habe Einladungen von Gruppen, die in den letzten fünfzehn Jahren nie bei der Kirche angefragt haben: ob es da um einen Vortrag im Bundesgerichtshof geht oder beim Arbeitgeberverband, um Mitarbeit in Akademien oder sozialen Netzwerken. Ich muß natürlich genau abwägen, wo ich hingehe und wo ich absage.

Welches sind Ihre Kriterien dafür?

Ich entscheide oft nach dem Gesichtspunkt: Ist dieses oder jenes eine Bereicherung für die eigene Arbeit? Kann ich es in meinem Bereich umsetzen? Und: Schaffe ich es überhaupt? Geht die Verantwortung für den eigenen Sprengel vor?

Denn natürlich werde ich auch oft angefragt, weil ich als Bischöfin eben einen Namen habe. Manchmal soll ich ganz schlicht vermarktet werden – oder ich werde als Gag eingeladen, als Paradepferd . . . Da prüfe ich nach, ob es wirklich um Inhalte geht.

Aber ganz sicher habe ich als Frau eine besondere Chance. Man fragt mich, wo man einen Bischof oder einen Professor nicht fragen würde. Manche sind auch neugierig: Wie macht eine Bischöfin das? Da ist die Hemmschwelle bei mir niedriger.

Bei Kirchenmännern tauchen sofort die alten Klischees von Kirche auf: die vermuffte, starre Institution, obwohl es nicht so sein muß. Viele leben eben mit einem Bild von Kirche, das ihre Großmutter als Kind hatte. Ich sage ihnen dann: „Es ist ganz anders, bitte, gehen Sie doch mal in die Gemeinden!" Ich fühle mich da als Türöffnerin. Denn das Evangelium ist eine Kraft, ohne die ich nicht leben könnte – und nicht leben wollte.

Es geht mir nicht um Eitelkeit oder Machtwünsche, sondern im Evangelium ist eine Kraft, die mir jeden Morgen neu sagt: Du darfst anfangen! So einfach ist das. Ich beginne den Tag mit Losung und Lehrtext, lese die Abschnitte auch in Griechisch und Hebräisch, um die Fremdheit der Texte zu spüren, die ja leicht überhört wird. Aber das Evangelium ist für mich keine akademische Angelegenheit – so wichtig es ist, daß es von Theologen und Theologinnen ausgelegt wird –, sondern etwas sehr Lebendiges. Mir ist auch wichtig zu hören, wie Menschen aus ganz anderen Lebensbereichen es auslegen, da zeigen sich manchmal völlig neue Ansätze; das kann viel treffender sein. Da wird manchmal der Finger auf eine Wunde gelegt, die wir noch nicht einmal bemerkt haben.

Wie kann unsere Kirche, die so stark mit eigenen Problemen befaßt ist (Personal- und Finanzfragen) besser nach außen wirken und signalisieren, wer sie ist und warum sie unverzichtbar ist?

Ich glaube, wir müssen uns stärker mit der Bibel beschäftigen und die Bibel leben. Wenn unser Herz brennt, wird man's merken. Dann kommt etwas rüber. Andere spüren: Die Bibel . . . da ist was dran! Mein Rat an die Gemeinden ist: Macht nicht alles! Verzettelt euch nicht. Tut das, was Gott euch vor die Füße gelegt hat, und macht es gut, mit Freude! Das wird von anderen Menschen wahrgenommen. Daß Profilgemeinden entstehen, ist wichtig – mit je eigenen Schwerpunkten – und daß dann in einer Region kooperiert wird untereinander, aber auch mit sozialen Randgruppen . . . ohne Berührungsängste. Schließlich heißt es: „Geht hin in alle Welt . . ." Wir müssen, wenn wir von Gott reden, eine Sprache finden, die verstanden wird. Wir müssen das Gespräch mit Forschern, Medizinern, mit Wirtschaftlern und Politikern immer wieder suchen, natürlich auch mit Menschen anderer Religionen.

Was ist Ihnen am interreligiösen Dialog wichtig?

Ich habe gerade in letzter Zeit viel mit Frauen anderer Religionen gesprochen: mit einer buddhistischen Nonne, mit muslimischen Frauen und mit Christinnen aus Korea und den Philippinen. Wir haben uns nicht auf der Ebene akademischer Theologie unterhalten, sondern darüber nachgedacht, was uns als Frauen wichtig und heilig ist im Leben. Wir haben so vieles gemeinsam. Es gibt Unterdrückung in allen Religionen, aber auch starke Befreiungsansätze. Was ist hier der Beitrag der Frauen? Wir können Ausländerhaß und Fremdenfeindlichkeit – die Angst vor dem Fremden – ja nur überwinden, wenn wir einander kennenlernen. Zu solchen interreligiösen Gesprächen werde ich jetzt viel eingeladen. Und gerade diese Begegnungen sind für mich so beglückende Erfahrungen – es sind Geschenke! –, daß ich mir sage: All der Ärger, all das Mühsame und Schwierige . . . das fällt gar nicht ins Gewicht, verglichen mit dem, was mir hier an Bereicherung geschenkt wird. Wie kann es bei aller Fremdheit soviel an Nähe geben?

Und woran arbeiten Sie jetzt gerade am Schreibtisch?

Ich soll einen Vortrag über „Weibliche Spiritualität in der christlichen Tradition Europas" halten und stelle fest: Es gibt gar nicht viel Literatur dazu. Aber ich freue mich ganz besonders, weil es mich zu neuer theologischer Arbeit herausfordert – schließlich habe ich als Theologin und Pastorin in Nordfriesland angefangen, und das soll auch so bleiben!

Ein schöner Schlußsatz! Ich danke Ihnen für das Gespräch.

Birgit Müller-Classen

Gemeinsam etwas bewegen

Geboren 1956 in Oberhausen/NRW. Nach dem Abitur Jurastudium. 1978 Umstieg auf Germanistik und Hispanistik (Lehramt). In den Ferien: Hospitanz bei einer Zeitung, ehrenamtliche Mitarbeit in einem Frauenhaus und im Stadtteilzentrum Motte (Altona). 1984 Examen und Arbeit als „feste Freie" beim Abendblatt. 1987–1989 Referendariat (Höheres Lehramt). Redakteurin in der Lokalredaktion des Hamburger Abendblattes. 1993 Mitarbeit in der Gründungsrunde von „Hinz & Kunzt", seit 1995 Chefredakteurin des Straßenmagazins.

Freitagvormittag, Hamburger Innenstadt. Ich suche nach der Curienstraße, finde sie aber nicht. Eine Frau sagt: „Curienstraße? Wollen Sie zu ‚Hinz & Kunzt‘? Links um die Ecke und wieder links durch den Torbogen!" Etwas zurückgesetzt ein großes Gebäude, neben dem Eingang ein Schild: „Hinz & Kunzt" 1. Stock.
Zwei ältere Männer gehen vor mir die Treppe hoch. Die Stufen sind ausgetreten. Halbdunkel. Oben das Empfangsbüro mit Tresen. Die Männer werden freundlich begrüßt. Sie füllen einen Zettel aus. Ich warte. In der Ecke ein niedriger Tisch mit Sesseln. Kaffee und Tassen stehen da. Eine entspannte, fast heitere Atmosphäre. Als ich sage, ich sei für zehn Uhr mit der Chefredakteurin verabredet, bietet eine Mitarbeiterin mir in einem Büro Platz an. „Einen Kaffee?" Wenige Minuten später kommt Birgit Müller-Classen. Das Gespräch kann beginnen.

*F*rau Müller-Classen, Sie waren Journalistin beim Hamburger Abendblatt. Vor drei Jahren haben Sie gekündigt und mit dem Stadtmagazin „Hinz & Kunzt" angefangen. Warum?*

Der erste Anstoß dazu war, daß Stephan Reimers – unser Diakonie-Chef hier in Hamburg – mich fragte, ob ich Lust hätte, beim Aufbau einer Zeitung ein paar Tips zu geben. Und dann habe ich mir das angesehen und gemerkt: Es geht nicht einfach um ein kleines Blatt für Obdachlose, sondern um ein Kooperationsmodell: Obdachlose und Journalisten würden zusammen eine Zeitung machen. Das reizte mich. Außerdem war es ein so nettes Team, daß ich sofort Lust hatte mitzuarbeiten, ehrenamtlich zunächst.

Hinzu kam, daß ich persönlich gerade eine Sinnkrise durchmachte. Meine Stiefkinder waren aus dem Haus. Eigene Kinder habe ich nicht. Auch beruflich war ich in einer Krise: Ich arbeitete meistens unglaublich lange und kam erst spät abends nach Hause. Ich hatte zwar beim Abendblatt eine gute Position, auch das Gefühl, menschlich und fachlich anerkannt zu sein, aber ich fragte mich oft: Lohnt sich der ganze Aufwand eigentlich?

Als Sie dann mit „Hinz & Kunzt" anfingen, war ja noch nicht abzusehen, was aus dem Projekt wurde.

Nein. Es war ein großes Risiko. Als ich beim Abendblatt kündigte, meinte mein alter Chef: „Um Gottes willen! Komm, das hat keiner gehört. Überleg es dir noch mal!" Aber ich wußte: „Hinz & Kunzt", das ist es! Ich war ganz sicher. Dann dachte ich: Vielleicht ist es wirklich eine Dummheit – aber dann bin ich noch jung genug, um anschließend wieder auf die Füße zu kommen.

„Hinz & Kunzt" ist ja wie eine Rakete gestartet. Sie sind jetzt bei einer Auflage von 100–120 000. Zuerst – vor drei Jahren – gab es 25 Zeitungsverkäufer, jetzt 1400. Wodurch kommt dieser Riesenerfolg?

Diese Idee hatte nicht nur mich begeistert. Sie lag in der Luft. Und wir hatten die besten Startbedingungen: Kurz vorher war eine Selbsthilfegruppe der Obdachlosen entstanden.
Stephan Reimers, der die Idee für das Straßenmagazin hatte, war und ist in der Stadt so verankert und anerkannt, daß er als Türöffner dienen konnte bei den Politikern. Das ist ja nicht ganz einfach. Hinzu kam, daß die Journalisten einen sehr hohen Anspruch hatten: Es sollte eine richtig gutgemachte Zeitung werden! Diese drei Faktoren waren einzigartig.

Und woher kam die Idee für „Hinz & Kunzt"?

Das Diakonische Werk lag damals noch nahe am Hauptbahnhof. Dort saßen die Obdachlosen. Stephan Reimers ging täglich an ihnen vorbei und dachte: „Geb ich denen nun was? Aber was helfen ein paar Markstücke? Geb ich ihnen nichts, ist das auch nicht in Ordnung!" Eines Tages las er eine Notiz über das Londoner Straßenmagazin „The Big Issue". Er dachte: „Das ist es!" und setzte dann alle Hebel in Bewegung.

Eine Idee war da, gute Startbedingungen – aber warum wird „Hinz & Kunzt" so gut verkauft?

Ich glaube, wir sind mit unserem Straßenmagazin in ein Vakuum gestoßen. Die Kluft zwischen Arm und Reich wird immer größer. Und diese Kluft wird auch von denen, die noch etwas haben, als negativ und bedrohlich empfunden. Auch die Reichen fühlen sich nicht wohl, denn das Sicherheitsgefühl läßt nach, und zwar auf allen Ebenen: Man fürchtet nicht nur Einbruch und Diebstahl, sondern stellt sich auch verstärkt die Frage: Kann ich mich noch auf jemanden verlassen? Kann ich noch Vertrauen haben . . . in die Politiker, in die Medien usw.?
Die Sehnsucht der Menschen nach einem Brückenschlag ist einfach da. Auch die Sehnsucht nach Sinn. Das Ziel der Zeitung ist darum nicht, ständig Skandale aufzudecken, sondern zu fragen: Was können Arme und Reiche gemeinsam bewegen? Was verbindet uns?

Und was ist das Gemeinsame?

Die Obdachlosen sind in unserer Gesellschaft eigentlich nur die Seismographen für eine bestimmte Entwicklung. Jeder Mensch hat ja so etwas wie Säulen, auf denen seine Persönlichkeit ruht: Gesundheit, Geld, Anerkennung durch Freunde, die Arbeit usw. Diese Säulen sind bei fast allen Menschen angeknackst. Die Probleme, die bei Obdachlosen geballt auftreten, sind bei den anderen Menschen auch vorhanden – nur weniger ausgeprägt. Darum haben alle den Wunsch, diese Säulen zu stabilisieren und ein Miteinander, eben eine Gesellschaft zu bilden. Und wir meinen, daß es partiell auch möglich ist – im Kleinen eben. Wir gehen ganz pragmatisch vor, sind aber zugleich auch sehr idealistisch. Diese Mischung kommt offenbar gut an.

Woher kommt Ihr soziales Engagement, Ihr Einsatz für sozial Schwache und Ausgegrenzte?

Ich stamme ursprünglich aus einem relativ begüterten und behüteten Elternhaus. Bis sich meine Eltern scheiden ließen – ich war damals fünf Jahre alt – habe ich nur die Sonnenseiten kennengelernt. Wir wohnten in einem Einfamilienhaus mit Garten, und ich war ein verwöhntes Einzelkind. Nach der Scheidung wurde das schlagartig anders: Wir zogen in eine Siedlung und mußten vom Geld meiner Großeltern leben, bis meine Mutter eine Berufsausbildung gemacht hatte. Für meine Mutter war dieser soziale Abstieg schrecklich. Für mich nicht: Auf einmal hatte ich in der Siedlung eine Menge Spielkameraden, die ich zudem lieber mochte als die anderen verwöhnten Gören, mit denen ich ab und an gespielt hatte. Trotzdem habe ich ganz bewußt miterlebt, wie schnell es gehen kann, plötzlich ohne etwas dazustehen. Das hat mich geprägt. In meinem persönlichen Leben habe ich deshalb auch immer Wert darauf gelegt, selbständig und finanziell unabhängig zu sein.

In „Hinz & Kunzt" kommen die Obdachlosen ausführlich zu Wort. Das ist für mich der interessanteste Teil der Zeitung. Ist es schwierig, SchreiberInnen dafür zu finden?

Nein, überhaupt nicht! Das Schwierige ist vielleicht eher, zu verhindern, daß alle das gleiche erzählen. Wir verstehen uns ja nicht als ein Sprachrohr für Obdachlose, sondern als ihre Lobby. Darum nennen wir uns auch nicht Obdachlosenzeitung, sondern Straßenmagazin. Es geht also nicht nach dem Motto: Jeder darf sich mal alles von der Seele schreiben, sondern: Was geschrieben wird, soll bei den Lesern ankommen. Sie sollen verstehen, was in Menschen vorgeht, die auf der Straße leben – „Platte machen" – und heute nicht wissen, was morgen sein wird.

Wie sieht der Arbeitstag der Chefredakteurin von „Hinz & Kunzt"
aus?

Also, ich kann nur sagen, wie es im Moment bei mir aussieht. Vor ein paar Wochen war es noch ganz anders. Morgens schaue ich kurz beim Wintercafé rein, das ist unser Wärmezelt auf dem Gerhart-Hauptmann-Platz, wo sich Obdachlose rund um die Uhr aufhalten können. Es gibt Kaffee, Brötchen und Kuchen. Spenden der „Hamburger Tafel" oder von Kaufhäusern, auch private Kuchen- und Kleiderspenden. Da mache ich auch mal ein paar Schichten. Die Idee für solch ein Zelt kam übrigens von einem Obdachlosen! Wir haben die Anregung dann sehr kurzfristig aufgegriffen, als es Anfang Januar so kalt wurde. Durch eine gute, reibungslose Kooperation von Behörden, Zeltverleihen, ehrenamtlichen Helfern und der Bevölkerung war es so schnell möglich. Anschließend komme ich hierher in unsere Büro-Etage. Manchmal gibt es zuerst eine Krisenbesprechung mit Obdachlosen, weil wir Probleme mit ihnen haben oder sie sich untereinander streiten.

Welcher Art sind die Probleme?

Zum Beispiel streiten sich zwei „Hinz & Kunzt"-Verkäufer um den Platz, wo sie die Zeitung anbieten. Dabei kommen dann oft noch ganz andere Probleme zum Vorschein. Und da Lösungen zu finden, zu helfen . . . das macht mir viel Spaß, obwohl es ja gar nicht zu meiner journalistischen Arbeit gehört.

Und was gehört zu Ihrer eigentlichen Arbeit?

Ich recherchiere. Ich schreibe über unsere Projekte, zum Beispiel über das Wintercafé, den Wohnungspool. Oder ich interviewe Künstler. Was mir besonderen Spaß macht: die vierzig Seiten von „Hinz & Kunzt" mitzuplanen, mit den Layoutern zu arbeiten, mir Gedanken über das Titelbild zu machen usw. Das ist etwas sehr Kreatives. Ich redigiere Texte, bespreche Artikel mit Obdachlosen . . .

Und: Wir haben Sitzungen mit dem Gesamtteam – das sind etwa fünfzehn Leute. Ich habe noch nie in einem so guten Team gearbeitet, wo wirklich jede Stimme zählt. Als Journalistin ist man ja eigentlich Einzelkämpferin. Aber bei uns fühlen sich alle sehr verantwortlich und sind sehr motiviert. Wenn im Sommer die Auflage etwas sinkt – was ja normal ist – nehmen sich das alle sehr zu Herzen.

Übrigens empfinde ich es als einen großen Fortschritt, wenn Obdachlose, die sich etwas gefestigt haben, nicht nur über sich selber schreiben, sondern sich Themen richtig erarbeiten.

Sie gehen dann los und recherchieren zu allen möglichen Themen, wie etwa: Hafenkrankenhaus, Arbeitsbedingungen bei bestimmten Jobs, Schwarzfahren usw.

Sie erwähnten eben den „Wohnungspool" als ein Projekt. Was läuft da?

Der Wohnungspool ist dazu da, Wohnungen für die Hinz & Künztler zu akquirieren. Obdachlose haben ja normalerweise kaum eine Chance auf dem Wohnungsmarkt. Wenn sie sich gleichzeitig bewerben müssen mit berufstätigen Alleinstehenden, ziehen sie immer den kürzeren. Der Wohnungspool sucht für den Hinz & Künztler ein Dach über'm Kopf. Miete und Nebenkosten übernimmt das Sozialamt. Wenn es Probleme mit den Nachbarn oder dem Vermieter gibt, stehen wir unserem Hinz & Künztler zur Seite und vermitteln. Dieses Projekt ist übrigens zu 100 Prozent auf Spenden angewiesen.

Sie sind auch politisch sehr engagiert.

Ja, die politischen Aktionen wie die Unterschriftenliste gegen die Sozialhilfekürzungen oder der Protest gegen die geplante Bettelverordnung kommen meistens aus der Redaktion. Daß die Bettlerverordnung gekippt wurde, daran waren wir auch beteiligt. Wir haben eine Protestaktion gemacht, an der Hinz & Künztler, Bettler, Ehrenamtliche und auch die Bischöfin teilgenommen haben. Später hat sich dann ein ganzes Bündnis aus allen möglichen Initiativen der Stadt gegründet. Auf den Erfolg solcher Aktionen sind wir sehr stolz, weil es doch zeigt, daß das politische Klima in Hamburg noch recht offen ist. Hier ist die Bettlerverordnung schon in der Planungsphase zum Skandal geworden. In anderen Städten ist eine Vertreibung der Bettler längst gang und gäbe – und kein Mensch hat sich darüber aufgeregt. Aber wir versuchen, nicht nur zu motzen, sondern auch Vorschläge zu machen, wie man Dinge verändern könnte. So haben wir eine Tagung organisiert, an der Bänker und Schuldnerberater gemeinsam über Lösungsversuche zur Entschuldung nachgedacht haben. Oder über die Möglichkeit, trotz angespannter Lage auf dem Arbeitsmarkt attraktive Arbeitsplätze zu schaffen.

Sie haben kürzlich für „Hinz & Kunzt" den Erich-Klabunde-Preis bekommen – eine Auszeichnung für sozial engagierten Journalismus.

Darüber haben wir uns sehr gefreut. Ich glaube, der Journalistenverband ist auf uns aufmerksam geworden, als wir uns gegen den „Focus" gewehrt haben, David gegen Goliath! Wir hatten gegen einen Artikel protestiert, der falsche Angaben und Zahlen zu Obdachlosen enthielt, sind vor den Presserat gezogen und haben Recht bekommen. Darauf sind wir sehr stolz.

Es gibt vieles, was gut läuft und Spaß macht. Was ist schwierig in Ihrer Arbeit?

Wir haben hier im Vertrieb fünf Obdachlose angestellt. Das Schlimmste ist eigentlich, wenn es da Abstürze gibt. Wenn jemand so stark alkoholrückfällig wird, daß er seiner Arbeit nicht mehr nachgehen kann. Oder wenn er aus anderen Gründen ausfällt. Eigentlich haben wir hier einen sehr niedrigen Krankheitsstand, weil Verantwortungsgefühl und Motivation sehr groß sind. Und wenn jemand dann nachläßt, ist es der Anfang vom Untergang. Inzwischen haben wir allerdings gemerkt: Wenn jemand kippt, dann muß er nicht gleich wieder ganz nach unten fallen, er kann sich auch wieder fangen. Aber das sind sehr schmerzhafte Prozesse.
Es tut weh zu sehen, daß Menschen es vielleicht doch nicht schaffen. Das ist für mich das Schmerzhafteste und belastet mich sehr. Ich kann so etwas auch zu Hause nicht einfach abschütteln. Andererseits ist es für mich ein gutes Gegengewicht, einen intensiven, großen Freundeskreis zu haben, wo natürlich über andere Dinge geredet wird.

„Hinz & Kunzt"-Verkäufer zu sein bedeutet: eine Arbeit zu haben, vielleicht sogar eine Wohnung zu bekommen und wieder ein Teil der Gesellschaft zu sein. Steigende Selbstachtung.

Nur – nicht jeder schafft das.
Sich da hinzustellen, etwas anzupreisen, den Leuten in die Augen zu sehen – das braucht 'ne ganz gehörige Portion Mut. Und auch Kondition. Viele halten das gar nicht durch. Andererseits hilft es natürlich, wieder Kontakte zu ganz normalen Leuten zu finden. Das baut auf. Man wird gebraucht und sieht wieder einen Sinn im Leben. Und hat man erst mal eine Wohnung, dann ist der zweite Schritt, sich vom Verdienten etwas Neues an Kleidung zu kaufen – eben nicht „second hand"! Da ist ja ein großer Nach-

holbedarf an Konsumgütern. Ein Walkman wird gekauft oder ein Paar Schuhe, aber teure! Oder einer fährt mal Taxi – alles Dinge, die das Leben lebenswert machen; ein bißchen Luxus, der für andere selbstverständlich ist. Der dritte Schritt ist dann der schwierigste, nämlich die eigene Situation zu erkennen und etwas daran zu verändern. Das braucht sehr viel Mut, Rückhalt und Durchhaltevermögen. Eine Wohnung zu haben bringt ja auch Probleme mit sich: Plötzlich stehen die Gläubiger wieder auf der Matte. Und: Man ist ganz allein – ohne die Kumpel. Und dann wird geklagt: „Niemand ist für mich da! Ich hab keine Familie!"

Darum versuchen wir, den Leuten einen Rückhalt zu geben. Auch wer eine Arbeit oder Wohnung hat, kann weiterhin „Hinz & Kunzt"-Verkäufer bleiben. Wir werfen keinen raus! Wir sind mehr als nur eine Geldquelle. Denn gerade Menschen, die soviel Abbrüche erlebt haben, müssen sich auf uns verlassen können. Wir überlassen es ihnen, sich von uns abzunabeln. Sie selbst bestimmen den Zeitpunkt.

Welche Wünsche haben Sie für die Zukunft?

Daß die Zeitung weiterhin ein so gutes Klima verbreitet, auf so viel Resonanz stößt trotz bundesweiter Klimaverschlechterung. Wir gehen harten Zeiten entgegen, davor graut mir auch ein bißchen. Ich habe Angst, daß die Stimmung mal kippt und die Obdachlosen nur noch wie der letzte Dreck behandelt werden. Aber ich hoffe, daß wir mit vereinten Kräften etwas bewegen können. Für die Verkäufer wünsche ich mir, daß „Hinz & Kunzt" weiterhin eine gute Einnahmequelle für sie bleibt und sie in ein schöneres Leben gehen. Daß sie umsetzen können, was sie sich wünschen, und wir sie dabei unterstützen können.

Wenn Sie sich selbst beschreiben sollten – Was sind Ihre Stärken und was Ihre Schwächen?

Meine Stärken sind teilweise meine Schwächen. Ich bin sehr impulsiv, zupackend, gestaltend. Dadurch bin ich aber auch oft Wortführerin, bin oft überbügelnd. Ich glaube, ich kann gut in einem Team arbeiten. Meine Schwäche: Ich bin oft zu konfliktscheu.

Mich auch mal unbeliebt zu machen, fällt mir schwer, aber da muß ich durch! Ich bin zwar ein politisch denkender Mensch, aber nicht so, daß ich immer auf Kampf aus wäre. Ich versuche eher, den versöhnlichen Weg zu gehen. Es würde mir schwerfallen – wenn die politische Lage sich noch mal zuspitzt –, auf harten Kurs zu gehen. Ich weiß nicht, wie ich das als Person durchstehen könnte.

Gibt es bei all den Problemen und traurigen Schicksalen auch mal was zu lachen?

O ja! Es gibt so viel, worüber wir Tränen lachen! Humor ist ganz wichtig in unserem Job. Zum Beispiel:
Einmal kam eine Kundin auf einen besonders eifrigen Verkäufer zu und sagte: „Tut mir leid, aber die Ausgabe habe ich schon." Das schien der Verkäufer zu bezweifeln. „So", sagte der Mann gedehnt und fragte dann ganz streng: „Und was steht drin?"

Gibt es so etwas wie ein Motto für Ihr Leben? Was ist Ihnen wichtig?

Mir ist wichtig, daß ich an jedem Tag das Gefühl habe: Also, wenn ich morgen sterbe, ist das in Ordnung. So habe ich eigentlich immer gelebt.

Rainer Sörnsen

Mein Ich, das werf' ich nicht weg!

Rainer Sörnsen wurde 1946 in Kappeln an der Schlei geboren. Mit 14 Jahren verließ er die Schule und ging für 9 Monate auf ein Frachtschiff. Anschließend besuchte er die Seefahrtschule in Finken-werder (Hamburg). Er fuhr als Jungmann, Leichtmatrose und als Matrose. 1973 erhielt er nach dreijähriger Seefahrtsschule in Cux-haven sein Kapitänspatent für mittlere Fahrt.
1971 heiratete Rainer Sörnsen. Da seine Frau Finnin war, lebte die Familie (drei Söhne, zwei Töchter) von 1976–1985 in Finnland. Aber dort gab es für ihn keine Arbeitserlaubnis, so fuhr er weiterhin zur See. Seine Familie hat ihn – solange die Kinder noch nicht schul-pflichtig waren – begleitet. 1990 starb seine Frau. Seit 1995 ist Rainer Sörnsen arbeitslos.

Am späten Vormittag treffen wir uns im „Wintercafé", dem Wär-mezelt von „Hinz & Kunzt". Es ist ein naßkalter Februartag. Da es im Zelt laut und voll ist, gehen wir in das Kaufhaus nebenan. Wir fahren hoch in die Restaurant-Etage. Trotz des allmählich einset-zenden Lunchbetriebes gibt es hier etwas mehr Privatheit. Rainer Sörnsen, der an diesem Morgen schon genug Kaffee getrunken hat, nimmt sich ein Bier. Ich trinke einen Becher heißen Kakao. Wir unterhalten uns eine Weile. Ich erzähle ihm von meinem Buchpro-jekt, dann befestige ich das kleine Mikrophon an seiner Jacke und hoffe, daß trotz der vielen Nebengeräusche später etwas zu verste-hen ist. Die Cassette dreht sich, unser Interview kann beginnen.

*H*err Sörnsen, Sie sind obdachlos, wo haben Sie heute nacht geschlafen?

Heute nacht war ich bei Verwandten, aber meistens bin ich im Seemannsheim.

Und wie kam es, daß Sie 1995 arbeitslos wurden?

Meine holländische Reederei ging pleite. Die schulden mir noch heute 23 000 DM! Das sind Überstunden, Urlaubsgeld, die Heuer usw. Ob ich das Geld je kriege . . .? Vierzig andere warten auch noch! Vier Monate sind wir noch auf dem Schiff geblieben. Wir lagen ja in Hamburg. Dann wurde es verkauft. Ich ging ins See-mannsheim, aber da kostet eine Nacht 26 Mark. Ich hatte zwar etwas Geld gespart, aber das war schnell weg. Und einfach bei Verwandten 'rumhängen wollte ich nicht, bei meinen Kindern erst recht nicht. Im Männerwohnheim auch nicht. Ich schlaf' mal hier, mal da. Ich such' ja Arbeit. Hab auch immer wieder auf Werften gearbeitet. Zuletzt war ich auf Tankern. Da hab ich alles gemacht: Reinigen, Laden, Löschen, Ventile einstellen, Filter und Pumpen warten, Reparaturen . . .

In den Jahren auf See haben Sie viel erlebt und viele Länder gesehen. Wo waren Sie überall?

Zuerst sind wir nach England und Skandinavien gefahren. Später über den Atlantik: Boston, New York, San Francisco, auch nach Quebec. Dann: Saudi-Arabien. Ich bin auch als Kapitän von Griechenland aus um Spanien, Frankreich, England, Skandinavien bis nach Rußland gefahren. Am liebsten würde ich wieder auf ein Schiff gehen.

Und wie sind da die Chancen?

Gleich null! Aber ich geb' nicht auf!

Auch nach fast zwei Jahren nicht?

Nee. Es gibt ein Sprichwort, das sagt: „Wenn du denkst, es geht nicht mehr, kommt irgendwo ein Lichtlein her." Das war bisher immer so. Darum laß ich mich auch nicht fallen. Wenn ich mich fallen lasse, dauert es kein Vierteljahr, und ich gehör' mit zu den „Berbern", die Sie da im Wintercafé – im Wärmezelt – gesehen haben! Dann wäscht man sich nicht mehr, rasiert sich nicht, geht nicht zum Frisör. Da sind so viele, die haben kaputte Beine, der eine hat Flöhe, der andre Läuse. Nee! Nee, danke. Ich sitz darum nur vorn an der Ecke am Tresen, da im Zelt, trink meinen Kaffee . . . das wissen die alle. Ich rede mit denen, ist ja klar. Ich laß' sie auch an mich ran, aber nur bis zu 'ner gewissen Grenze!

Im Wintercafé gibt es ja nicht nur Kaffee, sondern auch den ganzen Tag über etwas zu essen. Woher kommt das Essen?

Das holen wir selbst bei Karstadt ab oder bei dem Fischrestaurant „Nordsee" – gegenüber –, und dann stellen wir das hier auf den Tresen. Vom Bäcker kriegen wir Brot. Die freiwilligen Helfer schneiden das dann, kochen neuen Kaffee usw., aber wir halten auch den Platz um das Zelt 'rum sauber und passen auf, daß keiner einen Grund hat, sich zu beschweren. Da ist natürlich zu Anfang einiges schiefgelaufen, ist ja klar!

Vorgestern hab ich die ganze Nacht mitgeholfen. Einer war da, der hat seinen Becher immer verloren, dem hab ich neulich seinen Becher mit Band am Gürtel festgebunden, damit er ihn nicht mehr verliert. Seitdem hat er ihn auch nie mehr verloren. Zu essen gibts ja reichlich, in Hamburg muß keiner hungern! Es gibt 'ne Liste, wo man überall essen kann. Die sind auf zack! Wenn ich alle Möglichkeiten wahrnehmen würde, würd' ich platzen. Es gibt auch Waschgelegenheit, Duschen, kostenlos!

Und wird diese Möglichkeit genutzt?

Ja, sicher. Aber es gibt viele, die sind zu kaputt. Die trinken nur noch. Die schaffen das nicht mehr . . . Körperpflege, Arbeit oder so . . . die wohnen dann im Männerwohnheim. Auch die Männer, die Sie eben im Zelt gesehen haben, sind zu 90 Prozent kaputt. Die verkaufen zwar noch „Hinz & Kunzt", aber die versaufen dann alles, da bleibt nichts übrig . . . Das geht nur in Alkohol.

Und was halten Sie vom Wohnungspool?

Gute Sache! Aber ich wollte keine Wohnung. Sie haben mir eine angeboten. Was soll ich damit? Ich weiß ja noch gar nicht, ob ich nicht wieder auf ein Schiff gehe und zur See fahre – oder jedenfalls Reparaturarbeiten mache. Ich will unabhängig bleiben. Mein Ich hab ich behalten, das werf ich niemals weg.

Ich bin viel auf Werften gewesen. Neulich hätte ich fast eine

Chance gehabt . . . da, wo der Elb-Express gebaut wird. Aber nun geh ich erst mal zehn Tage auf eine Werft nach Lübeck, das ist 'n Lichtblick! Ich steh' immer in Verbindung mit den Werften. In Husum zum Beispiel werden drei neue Containerschiffe gebaut. Ich geb nie auf! Vom Sozialamt will ich nichts, obwohl mir das ja zusteht . . .

Und wenn Sie anschließend wieder arbeitslos sind . . . wird dann wieder „Hinz & Kunzt" verkauft?

Klar! Meinen Ausweis (als „Hinz & Kunzt"-Verkäufer) geb ich nicht ab. Und wenn ich mal wieder feste Arbeit auf einem Schiff hab', dann kommt der Ausweis in einen Bilderrahmen. Die vier Monate als Zeitungsverkäufer waren gar nicht schlecht. Ich konnt' mir meinen Tabak kaufen, ich konnt' das Seemannsheim davon bezahlen, und ich hab gegessen. Ich hatte im Durchschnitt so sechzig Mark pro Tag, mal mehr, mal weniger.

Wie sind Sie eigentlich „Hinz & Kunzt"-Verkäufer geworden?

Das kam so: Im Juni 96 traf ich einen anderen Obdachlosen, der total pleite war. Der hat mich als Verkäufer geworben, dafür kriegt er zehn Zeitungen gratis und ich als Neuer auch. Wenn wir sie verkaufen, bringt das mindestens achtzehn Mark für jeden, aber mit Trinkgeld mehr. Dafür haben wir uns dann wieder neue Zeitungen geholt: wir zahlen 80 Pfennig pro Stück und verkaufen sie für 1,80. Eine Mark ist also für den Verkäufer.

Macht das Verkaufen auch Spaß?

Manchmal ja. Manchmal ist es deprimierend – wenn man nur zwei oder drei Zeitungen verkauft. Aber meistens läuft es gut, man muß nett zu den Leuten sein, sie ansprechen . . . dann kaufen sie auch. Gestern abend – zum Beispiel – kam eine alte Frau

ins Wärmezelt und brachte Kuchen, da hab ich zu ihr gesagt:
„Mensch, nu kauf doch mal 'ne Zeitung, sonst kann ich mir keinen Tabak leisten!" Da hat sie mir fünf Mark gegeben.

Oder neulich, da hab ich einer Frau 'ne Zeitung verkauft, die hat
sie beim Einkaufen irgendwo liegen gelassen. Der Frau hab ich
dann nochmal eine verkauft. War 'ne gebrauchte, da hatt ich das
Kreuzworträtsel schon gelöst! Aber die Kunden kennen mich, die
sehn das nicht so verbissen.

Und dieser alte Kapitän, der mit seiner Familie zum Einkaufen
kam – ich hab meinen Platz ja vor einem Pro-Laden in Wandsbek.
Der Kapitän sagte sofort: „Mensch, Junge, du bist doch zur See
gefahren! Gib mir mal 'ne Zeitung!" Ein bißchen später sagt seine
Frau: „Hat mein Mann schon 'ne Zeitung mitgenommen?" „Das
weiß ich nicht!" Dann hat sie noch eine gekauft. Und später hat
die Tochter auch noch eine gekauft. Das war Anfang des Monats.
Nach zehn Tagen kam er wieder vorbei „Gib mir man 'ne Zeitung
mit. Hier hast du fünf Mark für 'n Kaffee!" Am andern Tag kam er
wieder: „Du altes Schlitzohr!", sagte er, „nun haben wir zu Hause
vier Zeitungen, alles die gleichen!" Aber manchmal sag ich den
Leuten auch: „Die Zeitung haben Sie schon! Müssen Sie bis zum
nächsten Monat warten!"

*Viele Passanten laufen den ganzen Tag an Ihnen vorbei. Wie ist
das? Was denkt man da?*

Ich denk' z. B.: „Na, hat der Geld für 'ne Zeitung? Kann er sich
das erlauben?" Einer alten Frau im Rollstuhl hab ich jedesmal eine
umsonst mitgegeben. Das tat mir nicht weh . . . die 80 Pfennig.
Oder da war 'n altes Ehepaar, sie hatte Geburtstag, wurde 70. Bin
ich zum Blumengeschäft nebenan gegangen und hab gesagt:
„Mach mir mal 'n Blumenstrauß". Die sagten: „Hier, weil *du* das
bist, halber Preis." Das war aber auch ein Strauß! 40 Mark, also
für mich 20. Am andern Tag kam seine Frau, gab mir 10 Mark
und sagte: „Kauf dir man heute auch 'n Bier!" Man hat ja Men-

schenkenntnis! Ich guck den Leuten in die Augen, dann weiß ich Bescheid.

Und was war das Schrecklichste?

Neulich kam einer, der hat mich angepöbelt. Der meinte: „Na, Ihr Scheiß-Hinz & Künztler, ihr verdient 'n Haufen Geld!" Er selbst lebte von Sozialhilfe und soff. Als er dann sagte: „Du? Verkäufer? Du bis'n Idiot!", da hab ich ihm die Meinung gesagt: „Und du bist die größte Drecksau, die hier rumläuft!" Dann kam der Geschäftsführer von „Pro" und hat ihn weggeschickt.

Haben Sie sich diesen Verkaufsplatz selbst ausgesucht?

Nein, das regelt das „Hinz & Kunzt"-Büro. Der Platz wird uns zugewiesen. Und man hat seine Vorschriften: Wir dürfen zum Beispiel nicht *in* den Geschäften verkaufen, nur davor. Aber wenn das Wetter schlecht ist, dann sagen die auch mal: „Komm rein! Wärm dich mal auf!"
Also, was mich gerührt hat: Kommt da so ein siebenjähriger Junge, hat 'ne Tüte leere Flaschen verkauft, kommt wieder raus und will 'ne Zeitung. Ich frag ihn: „Darfst du das denn?" „Ja." „Na, ich schenk' sie dir!" „Nee, ich will sie bezahlen." Hab ich das Geld genommen. Aber hab es dann beim Blumenladen nebenan abgegeben, falls die Eltern kommem. Paar Tage später kamen sie auch und sagten: „Nee, nee, war schon richtig, er hatte den Auftrag, 'ne Zeitung zu kaufen." Aber ich dachte: Kannst doch so einem Kind nicht 'ne Zeitung verkaufen!
Oder ein andrer kleiner Junge . . . Gibt der Großvater ihm nach dem Einkaufen 2 Mark. Hier, hol man 'ne Zeitung!" Der gibt mir 2 Mark und zeigt auf die Zeitung, er sagt nur: „Holn!" Da hab ich ihm die Zeitung gegeben und gesagt: „Hier hast die 2 Mark wieder, nu gehst du mit deinem Opa ein Eis kaufen. Ich paß solange auf eure Sachen auf." Das haben die beiden gemacht. Da sagt

der Opa: „Das hab ich noch nie erlebt!" Aber das braucht man selbst auch, daß man anderen mal 'was schenkt und nicht immer nur die Hand aufhält. Ich hab ja deshalb mit dem Zeitungsverkauf angefangen, weil ich nicht von morgens bis abends im Seemannsheim 'rumsitzen wollte. Die fangen da ja schon morgens an mit Schnaps und Kneipenbesuch und kommen dann abends völlig blau nach Hause. Ich wollte denen zeigen: Leute, es geht auch anders! Aber die sind oft schon an einem Punkt, wo ihnen alles egal ist . . . kein Interesse mehr an nix!

Haben Sie in der „Hinz & Kunzt"-Zeitung schon mal einen Artikel geschrieben?

Ich hatte schon mal 'n Anlauf genommen, aber dann wurde nix draus. Ich mach das noch mal . . . Aber das Geld dafür geht dann an ein Kinderheim oder Blinde . . . Ich bin bisher ja auch so zurechtgekommen.

Wenn Sie an Ihre Zukunft denken, gibt es da etwas, das Ihnen Angst macht?

Also, mein Vater . . . Um den mach ich mir Sorgen. Wenn der mal nicht mehr allein sein kann . . . Wo hol ich ihn dann hin? Jetzt ist er ja noch im Rentnerwohnheim, aber später . . . da muß ich mal sehn, was ich dann mache. Dafür könnte ich natürlich 'ne Wohnung gut gebrauchen. Bei uns ist bisher noch jeder zu Hause gestorben. Und meine Eltern waren die einzigen Menschen vor denen ich Respekt hatte. Vorm Lehrer nicht, vorm Pastor nicht. Konfirmandenunterricht hat mir nix gegeben. Der Pastor hat nur geschimpft, wenn ich sonntags nicht zur Kirche kam . . . Ich mußte helfen, wir haben ja unser Haus selbst gebaut.

Gibt es gar keine guten Erinnerungen an die Kirche?

Doch, klar! Ich war ja bei den Pfadfindern. Da hab ich den Kindern sonntags im Kindergottesdienst manchmal Geschichten vorgelesen – aus so einem Kirchenblatt. Das hab ich gemacht! Das war aber noch ne andre Zeit! Heute wird für Kinder viel zuwenig getan. Früher . . . da sind wir gewandert oder war'n mit 'm Fahrrad unterwegs als Pfadfinder.

Und woran ich mich auch erinnere: an meinen Konfirmationsspruch! „Der Herr ist mein Hirte – und ihr seid seine Schafe." So hieß das doch, oder? Von „einer grünen Aue" war da die Rede. Ich war ja mehr auf'm Wasser. Aber stimmt trotzdem, das mit dem Hirten.

Matthias Kroeger

Nahrung für die Seele

In Riga/Baltikum geboren (1935), lebte Matthias Kroeger nach
Umsiedlung in den Warthegau dort mit seiner Familie und zwar
überwiegend auf dem Gut einer Tante wegen seiner schon damals
ausgeprägten Liebe zu Pferden. 1945 die Flucht. Schuljahre in
Franken. Studium der Theologie in Erlangen und Göttingen,
dort Promotion und Habilitation. 1967 Umzug nach Hamburg,
Privatdozent. Zusätzliche Ausbildung in Eheberatung, Seelsorge und
Gruppenpädagogik (TZI). Seit 1985 lebt Matthias Kroeger – so oft
wie möglich – auf einem Bauernhof in der Nähe der Göhrde, um
dort – neben seiner Pferdeleidenschaft – Ruhe zum Forschen und
Schreiben, aber auch Raum für Gruppen- und Seminararbeit, zum
Musizieren, für Gäste und Feste zu haben.

Ein Vorfrühlingstag, Ende Februar. Sonne und Wolken wechseln. Ich fahre von Lüneburg weiter in Richtung Osten. Am Rande eines kleinen Dorfes liegt der Bauernhof von Matthias Kroeger. Hauptgebäude und Stallungen aus rotem Backstein – ein offenes Geviert, von Weiden umgeben. Die Pferde sind draußen. Als ich auf den Klingelknopf an der Holztür drücke, ruft Matthias Kroeger: „Die Tür ist offen! Kommen Sie herein!" Er hat vom Bäcker des Nachbardorfes Erdbeer- und Streuselkuchen geholt und gießt gerade den Kaffee auf.

„Vielen Dank, daß Sie sich Zeit genommen haben für ein Gespräch!" sage ich. Seine Antwort: „Ich habe Zeit! Ich bin so frei wie nie. Mein Manuskript für das neue Buch ist gerade an den Verlag abgeschickt. Trinken wir erst mal Kaffee!" Er trägt das Tablett mit den weißen Tassen und Tellern von der Küche durch den angrenzenden Raum in ein weiteres fast leeres Zimmer. In der Ecke ein runder Tisch, Korbsessel. Mitten im Raum ein kleiner Holztisch zur Erledigung der Korrespondenz. Hier findet die Gruppenarbeit statt. Nebenan das Musikzimmer. Durch das niedrige Fenster sehen wir, wie die Pferde laufen. „Sie fühlen sich wieder wohl", sagt er, „ich sehe es ihnen an. Eines der Pferde hatte eine Entzündung am Huf. Aber jetzt ist es wieder gut."

*H*err Professor Kroeger, es gibt einen besonderen Grund, weshalb ich Sie um einen Beitrag zu diesem Buch bitte: Als wir vor einiger Zeit Ihren 60. Geburtstag feierten, stand da auf der Wiese hinter Ihrem Haus ein langer, wunderbar gedeckter Tisch für Ihre Gäste. Ich dachte: Dieser Mensch lebt gern! Stimmt das?

Völlig! Ich lebe gern und begeistert. Ich bin sehr gern und viel allein, aber ich freue mich auch, mit Menschen zusammenzusein. Das gilt für's Feiern, aber auch für die Arbeit mit Studenten, für meine beraterische und gruppenpädagogische Arbeit. All dies ist eine Erfüllung meiner Lebensträume. Eigentlich bin ich ein intellektueller Mensch, aber der Einstieg in die therapeutische Arbeit – vorwiegend durch zwei alte erfahrene Frauen – hat eine andere, die emotionale Seite in mir zum Klingen gebracht. Dafür bin ich unendlich dankbar.

Welche Menschen oder Ereignisse haben Ihr Leben besonders geprägt?

Da muß ich weit zurückgehen: Ich stamme ja aus einer Nazi-Familie. Da sangen wir zu Weihnachten zwar auch christliche Lieder, sonst aber wurde uns erzählt, daß „die Höhlenkinder auf das Licht warteten." All dies wurde dann auf eine mir bis heute nicht ganz durchschaubare Weise gebrochen. Ich nahm als Zwölfjähriger an einer Jugendfreizeit teil, die durch den südwestdeutschen Pietismus geprägt war. Das hat mein Leben von einem Tag auf den anderen verändert. Auf einmal war ich – damals durchaus suggestiv – gewonnen für ein Leben in der Nachfolge Jesu.
Natürlich gab es später während des Studiums erhebliche Brüche. Ich ging eine zeitlang ganz von der Theologie weg, hatte aber dann das Glück, einen mich von Anfang an faszinierenden Mann kennenzulernen, der wirklich der Vater meines geistigen Lebens wurde: Friedrich Gogarten. Er hat mich in einer Serie von Nachtgesprächen in die Theologie zurückgeholt. Seither bin ich dabei geblieben – mit vielen Wandlungen und Umwegen, aber immer noch diesem pietistischen „break", von dem ich inzwischen weit ab bin, dankbar. Das hat mich damals auf einen Weg gesetzt, den ich bis heute mit Dank und völlig ungebrochener Leidenschaft gehe.
Außer Gogarten waren damals im Studium für mich W. v. Loewenich und E. Käsemann wichtig und später – ganz konkurrenzlos neben Gogarten – Carl Friedrich von Weizsäcker.

Was haben Sie bei F. Gogarten und C. F. von Weizsäcker gelernt?
Läßt sich das in drei Sätzen sagen?

Gogarten war und ist für mich eine noch immer ganz einzig-
artige Kombination aus lebensweltlicher Offenheit gegenüber
allen menschlichen wie politischen Erfahrungen und einem
wunderbaren Reichtum, gespeist aus der theologischen Tradition (besonders Martin Luther). Weltoffenheit und Theologie
waren so aufeinander bezogen, daß sie sich gegenseitig ver-
tieft und erweitert haben. Bei C. F. von Weizsäcker hat mich
das theologische Begreifen von Natur und Naturwissenschaft
begeistert.

Sie haben sich als Kirchen- und Theologiegeschichtler nicht nur mit
der Vergangenheit der Kirche, sondern auch ganz stark mit deren
Gegenwart und Zukunft beschäftigt. Sie sagen sehr kritisch, die Kir-
che sei wie eine „Speisekammer, aber für die wenigsten Menschen
eine Küche, in der eine eßbare Mischung angerichtet wird". Begrif-
fe wie Gnade, Glaube, Gebot müßten „eßbar" und „brauchbar"
gemacht werden. Wie kann das geschehen?

Es geschieht zum Beispiel durch die sogenannte „Themenzen-
trierte Interaktion", die ich ja zu einem Teil meines Lebens- und
Arbeitsinhaltes gemacht habe. Diese Methode bedeutet: Einerseits werden die Menschen mit ihren Anliegen (auch den religiösen und oft völlig unorthodoxen) ernstgenommen und gelten
gelassen. Andrerseits werden sie mit Themen wie Gnade, Glaube, Gesetz, Heilwerden u.a. zusammengebracht. Dadurch werden diese Begriffe freie Themen – nicht aber „zu schluckende"
Ergebnisse – und können in Beziehung zu den Menschen
kommen. Auf seiten der Menschen geschieht: Bereicherung,
Aneignung, Abstoßung, oder auch subjektive Auswahl („dies
akzeptiere ich, jenes nicht!") und Modifikation („Ich möchte es
so verstehen"). Auf seiten der Begriffe geschieht: Klärung und

Veränderung des Verständnisses. Da sagt ein Mensch zum Beispiel: „Ich möchte das Wort „Gnade" an mich heranlassen, aber so, daß es nicht demütigende Abhängigkeit bedeutet. Ein anderer lehnt es ganz ab, weil er mit diesem Wort malträtiert wurde und nur Negatives damit verbinden kann.

Meist geht es zunächst um Themen der Selbsterfahrung oder der Religionspsychologie. Ich arbeite ja überwiegend mit Menschen, die aus der Kirche ausgetreten sind oder am Rande der Kirche leben.

Aber meine älteste Gruppe, die sich nun seit fast zehn Jahren trifft, hat kürzlich zum ersten Mal den Wunsch nach einem christlichen Thema geäußert. Da hieß es dann: „Sag mal, wer ist eigentlich Jesus? Erzähl mal!" Das war etwas Wunderbares – wie ein Geschenk. Die Menschen sitzen da – mit offenen Ohren –, bereit zu hören, wer Jesus ist und was das Christliche eigentlich ist. Es gibt mit dieser Methode eben die Möglichkeit, Situationen zu schaffen, in der Menschen ganz offen sind. Aber immer so, daß sie sagen können: „Ich will es, oder ich will es nicht!" Das gilt es zu respektieren. Hätte ich gleich auf christliche Themen gedrungen, hätte ich freie Interaktion und religiöse Bereitschaft gemordet. Es heißt also: Warten! Und es heißt auch: Ich kann nicht alles machen – nur anbieten, aber nichts erzwingen.

Die Bitte um den heiligen Geist als Erwecker zum Glauben und Lebendigmacher wird also nicht überflüssig.

Natürlich nicht. Man kann zwar methodisch menschliche Gedeihräume und auch – in der Meditation – sich selber vorbereiten („Bereitet doch fein tüchtig den Weg dem großen Gast"), aber wenn „Es" dann geschieht und kommt, ist es immer ein Wunder und nichts Selbstverständliches, nichts Gemachtes.

Welche Themen bieten Sie in Ihren Workshops an?

Einer der Workshops heißt: „Meine religiösen Themen". Da geht es als Grundwort christlichen Glaubens z. B. um das Gebot. Gebot nicht als Vernichtung von Autonomie (Selbstbestimmung), sondern als sinnvolle Grenze, die jedem Menschen gesetzt ist. Aber jeder darf bei diesen Themen sein Nichtwissen, seine Unklarheit, seine Abneigung aussprechen und den Punkt, an dem er biographisch gerade steht, entfalten. Es ist Zeit da, zu erzählen, wie der religiöse Weg bisher ausgesehen hat und welche Gedanken und Aversionen es im Moment gerade gibt.

In diesen Kelch der geöffneten Empfindungen lege ich dann einige Grundinformationen. Ich interpretiere zum Beispiel das Wort: „Gott" – zunächst aus religionsgeschichtlicher Sicht. Ich zeige, daß es Religionen – wie den Buddhismus – gibt, in denen nicht Gott, sondern die Tiefe des Seins entdeckt, gelebt und meditiert wird. Ich lege ihnen die unterschiedlichen Möglichkeiten vor, und so erfahren die Menschen den religiösen Prozeß als einen freiheitlichen – nicht als Zwang: Sie entscheiden, was sie als ihren inneren Weg annehmen und glauben.

Sie wünschen sich, daß Kirchen „Herbergen wären, in die man einkehren kann" – ohne schlechtes Gewissen – „weil man dem kerngemeindlichen Standard wieder mal nicht entspricht". Wie müßten solche Kirchen aussehen?

Die Kirche birgt ja unendlich kostbare Schätze – wenn Sie zum Beispiel an bestimmte Choralverse denken. Verse, die das Leben und Sterben von Generationen begleitet haben. Und die Kirche ist ja die einzige Institution in unserer Gesellschaft, in der noch gesungen wird. Das Singen aber erreicht eine Schicht der Seele, an die kein Wort herankommt. Menschen müßten also in die Kirchen hineingehen können, um Verse zu hören, wie den von Paul Gerhardt: „Willst du mir geben, womit mein Leben ich kann ernähren, so laß mich hören allzeit im Herzen dies heilige Wort: Gott ist das Größte, das Schönste und Beste . . . aus allen Schätzen der edelste Hort."

Wer auf der pluralistischen Weltenstraße geht, braucht etwas, das seine Seele ernährt. Und das brauchen auch Menschen, die in ganz anderen Welten leben. Es gibt so etwas wie eine Notwendigkeit, die Seele zu ernähren. Dafür müssen die Kirchen – ohne jede Vorbedingung – offen sein, daß Menschen (aus welchen Gründen sie auch kommen) hineingehen und unbedroht ihr Herz öffnen können. Daß sie dann entscheiden, welche Musik und welches Wort sie in sich hineinlassen. Kirchen müssen solche Herbergen am Weg sein, wo die Seele Nahrung findet.

Früher gab es dafür auch andere Orte. Da hat vielleicht eine Großmutter am Abend einen Segen gesprochen oder gesungen: „Breit aus die Flügel beide, o Jesu, meine Freude . . ."

Aber das wird in den Familien ja kaum noch tradiert. Darum muß es eine Stelle geben, wo dies an die Menschen herangebracht wird. Zu den Grundkräften des Lebendigen gehört eben, daß da eine Seele ist, die Sehnsucht hat und ernährt werden muß, sonst verhungert sie. Hier sind die Kirchen noch immer einzigartig und unersetzlich.

Herberge heißt: Es gibt etwas zu essen. Und: Ich kann ausruhen.

Richtig. Und das ist in unseren Kirchen ein Problem. Der Raum für das schweigende Hören wird sehr gemindert durch das viele theologische Gequatsche und Geschwatze. Da wird das Schweigen oft bedrängt. Aber im Schweigen öffnet sich die Seele.

Sie sagen: „Die Kirche ist notwendig, aber nicht, wenn sie bleibt, wie sie ist." Und doch lieben viele Menschen ihre Kirche, so wie sie ist!

Es geht nicht darum, Menschen, die in ihrer alten, klassischen Glaubensform leben wollen, etwas wegzunehmen. Die Kirche ist groß genug, daß verschiedene Geister, Wege und Weisen in ihr Platz haben. Aber Menschen, die solche alten Formen pflegen, sollen sich – bis in die Kirchenleitungsetagen hinein – nicht als Besitzer aufspielen, indem sie anderen andere Weisen verbieten, den Zugang verwehren und Bedingungen stellen: Christ ist nur, wer . . . , Kirchlich anerkannt ist nur, wer . . . Hier geschehen sehr viele Freiheitsberaubungen, und das ist der Grund, warum Menschen nicht kommen.

Früher war es selbstverständlich, an einen persönlichen Gott zu glauben, aber diese Selbstverständlichkeit bricht heute zusammen. Menschen haben sich weit entfernt. Sie müssen ganz neu auf einen Erfahrungsweg gebracht werden: Wie ist das Göttliche zu verstehen? Kann man „Du" dazu sagen? Was ist der wesentliche Unterschied zwischen Religiösem und Göttlichem? So beginnt – langsam – ein Gesicht, eine Vorstellung zu wachsen. Man nähert sich dem Du Gottes wieder an. Aber dies steht am Ende eines Prozesses, nicht am Anfang. Es kann nicht die Einlaßbedingung sein. Doch weil es leider oft so ist, suchen Menschen Zuflucht beim Buddhismus, einer Religion ohne persönlichen Gott. Aber gerade hierzu hätte der christliche Glaube einiges von der Personalität Gottes zu sagen, wobei die Erfahrung des Göttlichen nicht in die alten Formen gebannt werden darf. Es ist dringend nötig, daß in der Kirche geistliche Alternativen und Wege entstehen, die unsere Seele ernähren.

Wir haben viel von der Seele gesprochen. Sie zitieren einmal einen Satz Friedrich Hebbels, der von seinem Vater sagt, er habe nicht mehr lachen können: „Die Armut hatte die Stelle seiner Seele eingenommen." Was hat heute die Stelle unserer Seele eingenommen? Das Lachen und Singen ist ja rar geworden.

Das ist nicht mit einem Satz zu beantworten, weil wir ja in einer sehr differenzierten Gesellschaft leben. Aber ich denke, unsere Seele ist oft besetzt von Ökonomisierung, Profit, Geld einerseits und Unterhaltung, in die alles in den Medien verwandelt wird, andrerseits. Diese ist absolut dominant. So etwas wie: „Es ist dir gesagt, Mensch, was gut ist . . . " kommt fast nicht mehr vor. Unsere Seele ist besetzt von dem Unterhaltungsschrott, der die Medien füllt, eine Umweltverschmutzung ersten Grades, die ungeheure seelische Konsequenzen hat. Wenn Menschen nämlich nach einem Acht-bis-neun-Stunden-Tag nach Hause kommen, sind sie nicht mehr in der Lage zu selbständiger geistiger Tätigkeit, sondern können nur noch aufnehmen, was ihnen in den Medien geboten wird. Wer aber nur dieser Art oberflächlicher Unterhaltung ausgeliefert ist und keine Gegenwelt in sich hat, wird rettungslos davon geprägt.

Die Kirche ist – einfach dadurch, daß sie existiert – eine der ganz wenigen Gegenwelten, die es im Moment gibt. Sie könnte allerdings ein viel stärkeres Gegengewicht sein und sich viel stärker für die Armen in unserer Gesellschaft einsetzen. Sie schwimmt politisch zu sehr mit. Dies gilt nicht für jede einzelne Gemeinde, aber von der EKD als Gesamtsystem. Möglicherweise setzt das eben erschienene „Gemeinsame Wort der beiden Kirchen" hier einen neuen Anfang. Die Kirche könnte viel stärker eine Gegenwelt zu den Medien sein, zu der völligen Qualitätslosigkeit, in der über kulturelle und religiöse Themen gesprochen wird, wo es nur auf den Unterhaltungswert ankommt.

Dies ist natürlich nicht alles, was zu sagen wäre, aber doch etwas, was unsere Seelen unübersehbar besetzt. Daher bei vielen diese diffuse Trauer und Mutlosigkeit.

Das ist sehr deprimierend. Gab es etwas, das Sie in letzter Zeit besonders gefreut hat?

Das große Glück der letzten drei, vier Jahre war – für mich persönlich –, daß die Universität mir Konditionen gab, die mir erlaubten zu schreiben, zu gestalten und zu lehren – ganz ohne Druck. Daß ich tun konnte, was mir wichtig war.

Wenn ich weiter nach draußen sehe, dann ist es einmal der Zusammenbruch der Ostsysteme (1989) und wie durch Mithilfe der Kirche dieser Prozeß in Deutschland gewaltfrei vor sich ging. Oder in den letzten Wochen: daß es Konstellationen in Serbien, Kroatien und Bulgarien gibt, wo Menschen gewaltfrei zu Hunderttausenden auf die Straße gehen und gegen Vergewaltigung aufstehen und Erfolg haben.

Was mich auch freut: die sogenannte „religiöse Welle" . . . eine neue Belebung des religiösen Empfindens. Wir, die wir in der Kirche, die wir Christen sind, haben von dem Nicht-Christlichen ungeheuer viel gelernt. Es ist gut, diese ergänzende Alternative – seit gut 15 Jahren – zu haben, obwohl da viel Unwahrheit und Einbildung drinsteckt, zum Beispiel die Verwechslung von „Ich bin religiös" und „Ich bin göttlich". Aber es gibt keine Wege der Freiheit ohne das Ausprobieren und den Irrtum. Es ist natürlich eine Luxus-Religion, die sich nur die schönen Sachen herausnimmt. Inhalte, die auch dazugehören, Gebot und Kreuz etwa, werden gerne ausgeblendet. In diese Dinge müssen Menschen erst langsam wieder hineinwachsen.

Es gibt ja viele Menschen, die sich nicht mehr freuen können. Was sagen Sie als Berater solchen Menschen?

Das „Sagen" ist nur ein Teil von dem, was möglich ist. Es müssen Räume entstehen, in denen ein Mensch langsam auftaut und lernt, Kummer auszusprechen. Wo er lernt, daß dies keine Schande und keine Selbstbeschädigung ist. Aber das Aussprechen, Sich-Öffnen und Miteinander-Austauschen ist noch nicht die ganze Heilung. Es ist erst die eine Hälfte. Die andere Hälfte muß dazukommen: nämlich daß in freudlose, leere Seelen, die durch ein Vakuum und Sinnlosigkeit geprägt sind, etwas hineingelegt und herzugebracht wird. Die Welt ist ja voller kultureller, menschlicher und religiöser Schönheiten, die angeboten und entfaltet werden können. Das Hauptproblem ist oft, daß diese bereichernden Wirklichkeiten ausgeblendet werden, weil Menschen nur noch mit sich selbst leben kulturell, religiös, unpolitisch. Mit

Themen zu leben bereichert, erweitert und erfüllt aber. Darum ist das Heranbringen von neuen Dingen, das Kennenlernen dessen, was ich nicht habe, ganz wichtig. Es geht also nicht nur um ein Entfalten dessen, was in mir ist – in mir ist ja sehr oft nur Leere –, sondern etwas anderes, Neues muß hinzukommen: Musik, Texte, Singen, Bilder, eine Landschaft erwandern, neue Menschen . . . All dies Neue kann dann in das eigene Leben umgesetzt werden. Wir versuchen das hier in diesem Raum sehr oft durch Musik, Bewegung und Tanz. Tanz zum Beispiel zu „This is my Life" oder zu dem Lied „Jesu, meine Freude". Oder: „Der Geist hilft unsrer Schwachheit auf" oder „Fürchte dich nicht, ich bin bei dir". Dies wächst dann langsam – indem ich es tanze – in mich hinein und ernährt so die Seele. Es ist für mich eine der stärksten Erfahrungen dieser Arbeit, wenn Menschen auf solche Weise bereichert, wieder lebensfroh und lebenswillig werden.

Sie lieben Choräle. Gibt es ein Lied, das Ihnen – jetzt gerade – viel bedeutet?

Ja. Das ist einmal die Bachsche Motette „Fürchte dich nicht, ich bin bei dir". Aber vor allem ist es derzeit ein Vers von Johann Jakob Schütz, den ich immer stärker empfinde, der mein schönstes Lied ist:

„Ich will dich all mein Leben lang,
o Gott, von nun an ehren,
man soll, Gott, deinen Lobgesang
an allen Orten hören.
Mein ganzes Herz ermuntre sich,
mein Geist und Leib erfreue dich!
Gebt unserm Gott die Ehre!"

Das ist natürlich die Wahl einer bestimmten Altersstufe und Lebenssituation, denn es hat mit der Frage zu tun: Was will ich eigentlich mit meinem Leben anfangen? Wofür lebe ich? Und da steht für mich – außer dem Dank für das, was ich bekommen habe – an erster Stelle, die Freude und die Kraft, die mir geschenkt sind, als ein Lehen zu sehen und zu benutzen. Das alte Wort „Lehen" hieß ja: Mir wird etwas gegeben – nicht als mein Eigentum, sondern damit ich es sinnvoll zugunsten des „Reiches" einsetze.

Ich habe soviel Wunderschönes bekommen: Meine Arbeit, Menschen, kulturelle Güter . . . Was will ich damit anfangen?

Ich weiß das sehr genau, und es hängt mit diesem Choralvers zusammen: Die Wirklichkeit ist ja zunehmend brutal, nicht sehr aussichtsreich. Aber es gibt – in meinem Beruf jedenfalls – die Möglichkeit, die Kompaßnadel (bei den 360 Graden, die ein Kreis hat) um zwei, drei oder fünf Grade anders zu stellen.

Das heißt für mich: Ich kann versuchen, meinen Unterricht immer ein bißchen besser zu machen, sowohl was die Sache betrifft, als auch, was die Freude und die Beteiligung angeht. Ich kann alles, was ich an Kraft habe, dafür hergeben, daß Gedeihräume entstehen, in denen Menschen ihr Rückgrat nicht verlieren, sondern mit aufrechtem Gang gehen und lernen – voller Dank dafür, daß diese Welt neben aller Brutalität so schön ist. Da ist die Brutalität und direkt daneben – durch einen hauchdünnen Schleier getrennt – die wunderbare Welt der Kunst, der Musik, der menschlichen Beziehungen, des Glaubens, des Geistes, der Natur mit ihrer unergründlichen Lebenserneuerung mitten durch Tode hindurch.

Wir tun uns keinen Gefallen, wenn wir uns nicht mehr trauen, uns an dem Guten zu freuen. Unsere Freude ist die Basis, woher der Mut kommt, in den immer destruktiver werdenden Verhältnissen die Möglichkeiten, die wir haben, wahrzunehmen. Die kleinen Möglichkeiten.

„Ich will dich all mein Leben lang, o Gott, von nun an ehren!"